China – 2.100 Tage danach

China –
2.100 Tage
danach

Hamza Özyol

Deutsche Erstausgabe
2020

© Hamza Özyol

Text: Hamza Özyol

Umschlagsgestaltung und Herstellung: Renee Rott
Verwendete Fotos: Hamza Özyol

Lektorat Satz: Helga Sadowski

ISBN: 978-3-750498-90-7

Herstellung und Verlag: BoD - Books on Demand,
Norderstedt

Für meine Eltern,
als Dank für ihre stets aufmunternden Worte.

China – 2.100 Tage danach

Vorwort

„Hey Hamza, wann schreibst du endlich deine zweite Geschichte? Wir wollen doch wissen, wie es weitergeht." So oder so ähnlich lauteten die Anfragen, mit denen ich online in den sozialen Netzwerken oder auch offline – überall da, wo ich ging und stand – bombardiert wurde. „Alles klar", gab ich mich irgendwann dem Ansturm geschlagen, „dann fange ich jetzt an und schreibe mein zweites Buch."

Erinnert ihr euch noch, wie meine Autobiografie
„China - 210 Tage Hinter Gittern" mit den Worten endete:
„Du kannst Medikamente kaufen, aber keine Gesundheit.
Du kannst ein Haus kaufen, aber keine Familie.
Du kannst eine Position kaufen, aber keinen Respekt.
Du kannst ein Bett kaufen, aber keine Träume.
Du kannst eine Uhr kaufen, aber keine Zeit.
Du kannst ein Buch kaufen, aber keine Intelligenz und
du kannst Sex kaufen, aber keine Liebe.
Denn Geld bewirkt einen Scheiß."

Mit diesen und ähnlichen Themen, sozialen, moralischen, ethischen und philosophischen Fragestellungen sowie vor allem dem, was hinter und zwischen den Zeilen steht, habe ich mich im Ge-

fängnis und danach – teilweise im Sinne eines echten Brainfucks – beschäftigt, während ich gleichzeitig versuchte, Step by Step in mein Leben zurück zu finden.

In mein neues, altes Leben, wenn man so will.

Viele meiner Fragen sind bis heute unbeantwortet geblieben, jedoch Teil der inneren Beschäftigung mit mir, meinem Leben, meinem Dasein und meiner Existenz. Sie haben auf die eine oder andere Weise Einzug gefunden in dieses Werk.

Fragen wie diese etwa: Gibt es so etwas wie Schicksal, schicksalhafte Fügung und Vorbestimmung? Was bedeutet Freiheit und was ist eigentlich wahres Glück? Wie kann man es definieren? Wer bin ich, wie erfahre ich mich und wie werde ich wahrgenommen?

Was ist der Sinn des Lebens, gibt es ein Leben nach dem Tod und wodurch ließe sich die Welt zu einem besseren Ort machen?

Fragen zu stellen, die unbeantwortet bleiben, scheint eine Art Bestimmung des Menschen zu sein. Leider finden wir nicht immer eine passable Antwort. Viele große Denker, Wissenschaftler und Philosophen haben sich seit Jahrtausenden mit diesen Fragen beschäftigt und je nach Zeitgeist und Denkschule unterschiedliche Ergebnisse hervorgebracht.

Nach wie vor gibt es mehr Fragezeichen als brauchbare Antworten und so scheint es manchmal leichter, philosophische Fragen zu stellen, als sie sinnhaft zu beantworten.

Mir ging und geht es vor allem um einen stillen, inneren Weg.

Ein Prozess, an dem ich euch mit diesem Werk ein wenig teilha-

ben lassen möchte. Nach der Veröffentlichung meines ersten Buches sind mir viele Menschen begegnet, die meine Biografie gelesen haben und wissen wollten, wie es weitergeht. Sie waren neugierig auf die Fortsetzung meiner Lebensgeschichte.

Die Überraschung war dann doch groß, dass ich so viele Menschen mit meiner Geschichte erreichte. Dank der Medien, die über mich und mein Buch berichtet haben. Es hat mich außerordentlich gefreut, dass ich einige Leute durch mein Buch überhaupt erst zum Lesen gebracht habe.

Die meisten Menschen und viele Leser, mit denen ich über meine Erlebnisse ausführlich geredet habe, waren mir wohlwollend gesonnen und wollten mehr über meinen bisherigen Lebensweg in Erfahrung bringen. Ich sträubte mich lange Zeit dagegen,

denn ursprünglich hatte ich nie vorgehabt, ein weiteres Buch zu schreiben, bis sich mein Gefühl urplötzlich änderte.

Eine große, unerwartete Leserschaft hatte ich bereits erreicht und ich wollte sie nicht „im Regen stehen lassen". So war irgendwann die persönliche Lust auf das Schreiben wieder geweckt und ich machte mich voller Elan an die Arbeit - und diesmal wusste ich ja, was auf mich zukommen würde. Unzählige Stunden harter Arbeit sollten nun folgen, aber das nahm ich gerne in Kauf.

Seid gespannt und begleitet mich auf meiner Suche nach Antworten auf viele, offene Fragen.

Die Namen der genannten Personen sind frei erfunden.

Euer Hamza

Kapitel 1

Ist das Leben Schicksal und die Liebe nur eine Illusion?

Ist der Mensch das Kunstwerk eines Schöpfers und somit das Ergebnis einer göttlich geführten Evolution? Ist mein Leben nur ein Traum, eine unendliche Geschichte, eine ewige Suche nach dem Glück?

Vorbei an den täglichen Lügen und den ungewollten Enttäuschungen. Stationen in einer surrealen Welt, begleitet von psychischen sowie physischen Problemen und den verschiedensten Krankheitserscheinungen dieser Erde. Flankiert von so manchen, schlimmen Schicksalsschlägen die jeden von uns zu jeder Zeit treffen können.

Viele Fragen, auf die wir kaum eine befriedigende oder gar mental ausreichende Antwort finden werden.

Aber die Suche nach dem Sinn scheint uns angeboren. Permanent suchen wir nach Erklärungen und Mustern in unseren Erfahrungen.

Über derart schwierige Fragen machte ich mir schon als Kind einen Kopf und zermarterte mir das Gehirn - oft über Stunden.

Ich war gerade einmal vierzehn Jahre, als ich eines Tages im Schneidersitz auf meinem Bett saß und mir ernsthafte Gedanken darüber machte, woher wir Menschen kommen, wer wir sind und wohin wir gehen. Ob es einen Schöpfer gibt, der über uns richtet und vergibt. Ich fragte mich, was mit uns nach dem Tod und vor allem mit unserer Seele passiert. Ob es den Himmel wirklich gibt, die Hölle existiert oder gar die Option einer Wiedergeburt besteht. Weiterhin stellte ich mir die Frage, ob andere Lebensformen existieren. Gute und böse Geister, die wir Menschen mit bloßen Augen nicht erkennen und wahrnehmen können oder ob es außerirdische Lebewesen gibt, die eventuell dem Menschen ähnlich oder vielleicht sogar überlegen sind, da das Universum unendlich erscheint. In den darauffolgenden Jahren überkamen mich solche Gedanken immer wieder und sie ließen mir keine Ruhe, so dass ich mit achtzehn Jahren spontan eine Umfrage startete, um zu erfahren, was meine Mitmenschen darüber dachten.

Unter anderem schrieb ich mir die für mich wichtigsten Fragen zum Thema „Sinn des Lebens" auf und begann Alt und Jung eifrig darüber zu befragen. Menschen, die ich überall antraf –

auf vollen Straßen in der Stadt, in gut besuchten Kneipen, in öffentlichen Verkehrsmitteln, in der Schule, bis hin zum Pastor in der Kirche. Ich interviewte sie und schrieb alle Antworten eins zu eins auf. Gestärkt im

Glauben und in der Hoffnung, fügte der Pastor kleinlaut nach dem Interview hinzu: „Wenn du doch wenigstens den Glauben vermitteln könntest." Bis dato hatte ich aber weder den Koran noch die Bibel gelesen.

Nach knapp zweihundert Befragungen legte ich meine Aufzeichnungen mit den Ergebnissen beiseite, auch wenn die unterschiedlichen Antworten recht interessant waren.

Ich fühlte mich plötzlich unwissend, obwohl ich bei diesem Projekt viele, interessante Gespräche führen konnte. Jedenfalls kam ich zu der Erkenntnis, dass nicht alles auf dieser Welt logisch erklärbar ist. Dennoch ist die Auseinandersetzung damit eine spannende Sache, für die es sich lohnt, einen Reisekoffer voller Fragen zu packen und auf Entdeckungstour zu gehen.

14

Kapitel 2

„**B**ist du verrückt geworden?", hörte ich von allen Seiten den bestürzten Aufschrei, als ich nach etwa 2.100 Tagen Aufenthalt auf sicherem Heimatboden und trotz zurückliegender, vielleicht schicksalhafter Ereignisse beschloss, Asien – den Kontinent meiner schlimmsten Erinnerungen – erneut zu bereisen.

Vietnam mit seinen knapp 100.000.000 Einwohnern sollte mein nächstes Reiseziel sein. Aller Unkenrufe zum Trotz und entgegen der unguten Gefühle bezüglich der dortigen Lebens- und Reisebedingungen und erneut aller Warnungen bezüglich Hygienestandards, Gesundheitsversorgung, Sicherheitslage und Rechtsprechung in den Wind schlagend.

„Hamza, du bist wirklich verrückt! Was passiert, wenn sich dein Schicksal wiederholt und du versehentlich wieder in dieselben Fallen tappst?"

Ich verdrängte fleißig alle Bedenken meiner Freunde und Verwandten, denn ich hatte bewusst entschieden, mich meinen Ängsten diesbezüglich zu stellen. Da ich dieses Mal für meinen bevorstehenden Asien-Trip besser gewappnet sein wollte, informierte ich mich vorab bezüglich der Gesetzeslage des exotischen Landes. Während ich darüber nachdachte, ob der Kontinent Asien wohl mein Schicksal sei und ob es so etwas wie schicksalhafte Begegnungen oder gar vorbestimmte Liebe gibt, wurde ich bei meiner Recherche von neuen Informationen förmlich erschlagen. Im Vorfeld der Reise nach Vietnam galt es vieles zu bedenken und zu beachten.

Ich schloss meine Augen und öffnete sie wieder. Die Buchung hatte ich soeben tatsächlich durchgeführt. Als ich via E-Mail die Bestätigung für meinen Flug erhielt, beschlich mich ein seltsames Gefühl. Etwas mulmig war mir schon zumute.

Ich dachte mir: „Das wird schon irgendwie."

Es gibt Menschen, die lieben das ferne, exotische Land und es gibt Leute, die bereits nach einem einmaligen Besuch Vietnam nie wieder bereisen würden. Es kommt also vor einem ersten Vietnam-Urlaub darauf an, ob man sich von den Vorurteilen abschrecken lässt oder ein eigenes Bild macht. Ich entschied mich für Letzteres, war neugierig und gespannt.

Der „Chinamann" in meinem Heimatort, für den ich lange Zeit im Lieferservice gearbeitet habe, bis er seinen Laden irgendwann schloss und fortzog, hatte vietnamesische Wurzeln. Von ihm wusste ich, dass Vietnamesen von Natur aus kein lächelndes Volk sind. Sie können ein wenig ruppig und manchmal sogar recht abweisend sein. Trotzdem mochte ich mir ein ganzheitliches Bild von dem Land und seinen Bewohnern machen. Ich nahm mir vor, nach meiner Ankunft erstmal durch die Straßen und Gassen zu schlendern, darauf hoffend, dabei nicht verloren zu gehen und eifrig Eindrücke sammeln zu können.

Laut Gesetzeslage brauchte ich kein Visum, da mein Aufenthalt nicht länger als zwei Wochen dauern würde. Gemäß der Internetseite des Auswärtigen Amtes gibt es nur relativ geringe Gewaltkriminalität gegenüber Ausländern, jedoch ist ein Anstieg von Kleinkriminalität wie Diebstahl und Betrug zu beobachten. Nach Einbruch der Dunkelheit sollte auf Fahrten mit dem Fahrrad oder Motorradtaxis verzichtet werden.

Ebenso ist zu lesen, dass sich die Handtaschen- und Gepäckdiebstähle mehren, sowohl von vorbeifahrenden Mopeds aus als auch mittels Ablenkungsmanöver durch Kinderbanden. Insbesondere sollte man bei Ankunft und Abreise vor dem Hotel aufmerksam sein. Außerdem komme es verstärkt zum Diebstahl von Bargeld aus Hotelzimmern.

Die vielen Naturkatastrophen, von denen zu lesen ist, sind natürlich auch ein gewichtiges Contra, aber dieses Risiko gibt es potenziell überall. Einem Unfall zum Opfer zu fallen, steht weitergeschrieben, sei um ein Vielfaches höher als in Deutschland, trotz mittlerweile eingeführter Helmpflicht. Die meisten Unfälle passieren nach Einbruch der Dunkelheit. Gründe dafür seien die rücksichtslose Fahrweise, schlecht ausgebaute Verkehrswege, mangelnde Ampelsysteme sowie die steigende Anzahl der Verkehrsteilnehmer. Das Fahren ohne gültigen Führerschein kann mit einem Bußgeld oder – im Falle eines schweren Unfalls – sogar mit einer mehrjährigen Haftstrafe geahndet werden.

Selbstverständlich wird vor der Ein- und Ausfuhr von Rauschgiften aller Art gewarnt. Die Mitnahme bzw. der Transport von Gegenständen für Dritte, ohne Kenntnis des Inhalts, kann aufgrund des bloßen Drogenverdachts verhängnisvolle Folgen für den Transporteur haben. Schon der Besitz geringer Drogenmengen führt oft zu hohen Freiheitsstrafen ohne ordentliche Verfahren. Hierbei werden die Gefangenen nicht nur gefoltert, sondern müssen auch noch unbezahlt sechsmal die Woche bis sechzehn Stunden arbeiten. Etwa in der Verarbeitung von Cashewkernen oder in der Bekleidungsproduktion. Wer in Vietnam seine Meinung über die Regierung im Internet verbreitet, muss ebenfalls hinter Gitter.

Nägel kauend fragte ich mich, ob mir vielleicht aus Versehen irgendetwas Dummes passieren könnte, von dem ich bis jetzt nicht die geringste Ahnung hatte, dass es für mich überhaupt gefährlich werden könnte. Manchmal bin ich durchaus Spezialist, wenn es um das Tapsen in Fettnäpfchen und triefende Ölwannen geht. *Wie sieht's aus mit unbedachten Posts etwa auf Facebook oder Instagram? Was ist mit Geschenken und Mitbringsel aus*

Deutschland, die in Vietnam nicht geduldet werden sowie mit Souvenirs aus Vietnam, die man nicht mit nach Deutschland nehmen darf? Vergehen, die man als Europäer schlicht nicht als Vergehen einsortieren würde. Was passiert, fragte ich mich, wenn man beispielsweise ein Kaugummi auf die Straße spuckt, einen Zigarettenstummel auf den Gehweg schnippt, Müll unachtsam neben einem Mülleimer landet – knapp daneben ist auch vorbei. *Welche weiteren Alltagsfallen lauern dort? Und was würde Schlimmes passieren, wenn mir irgendwelche Drogendealer heimlich ihre Ware ins Gepäck schmuggeln?*

Nicht auszudenken.

Wenn ich mich recht erinnere, wurden in der Türkei in der Vergangenheit Touristen – ich meine, es waren Senioren – wegen der Mitnahme von banalen Strandsteinen zu einer Haftstrafe verurteilt. Es gibt Länder, in denen werden hohe Geldstrafen verhängt, wenn jemand in der Öffentlichkeit etwa an einen Baum pinkelt. In islamischen Ländern kann es zum Verhängnis werden, wenn – vor allem unverheiratete Paare – sich in der Öffentlichkeit küssen. Selbst Händchenhalten ist zuweilen untersagt. Wie sieht es mit dem Tragen oder Nichttragen bestimmter Kleidungsstücke aus?

In weiteren Informationen zur Gesetzeslage in Vietnam heißt es: Prostitution ist gesetzlich verboten. Freiern drohen Verwarnungen, hohe Geldbußen oder Inhaftierung. Der sexuelle Missbrauch von Kindern wird hart bestraft. Es drohen mindestens zwölf Jahre Freiheitsentzug, in besonders schweren Fällen droht sogar die Todesstrafe.

Das gilt übrigens auch für ausländische Häftlinge.

Wie in China können auch hier deutsche Auslandsvertretungen das Strafverfahren und die Haftumstände nicht beeinflussen.

Kapitel 3

Mein nächster Kontoauszug zeigte es schwarz auf weiß: Ich hatte es tatsächlich gewagt, eine erneute Asienreise zu buchen und der Reisetermin stand unwiderruflich fest! Eine Reiserücktrittsversicherung oder andere Sicherheitsvorkehrungen hatte ich aus Kostengründen nicht getroffen. Aber dieses mulmige Grundgefühl bezüglich Asiens rumorte weiter in mir, unaufhaltsam verbunden mit einem zunehmenden Adrenalinpegel, je näher der Reisetermin rückte. Habe ich die richtige Entscheidung gefällt? Ist es ratsam, weise und klug, erneut einen Fuß auf asiatischen Boden zu setzen? Wo ich doch die Folgen und Konsequenzen meines ersten Aufenthaltes dort noch gar nicht ausreichend verdaut hatte.

Wie so oft seit meiner Rückkehr aus China, lag ich in meinem Bett stundenlang wach und wurde von verschiedenen Erinnerungen gequält. Unruhig wälzte ich mich hin und her und versuchte vor allem, die schrecklichen Bilder in meinem Kopf loszuwerden. Dies gelingt am besten, wenn ich glückliche Momente ins Gedächtnis rufe und mir die positiven Aspekte bewusst mache: Nach entsetzlich langen 210 Tagen im chinesischen Gefängnis – in dem ich (wie die meisten von euch bereits wissen) fern von meiner Familie in einem achtzig Quadratmeter großen Raum mit vierzig Mann auf meinen Prozess warten musste und schlussendlich freigesprochen wurde.

Gott gab mir mein Leben zurück, das kostbarste aller Geschenke. Ich erinnere mich an den Rückflug nach Hause, als sei er gestern gewesen: Dieser Nachtflug war wie ein Rausch. Der sehnlichste Flug meines Lebens. Ein neuer Weg tat sich auf zwischen Himmel und Erde. Ein unbekannter Pfad, den man weder sehen noch greifen konnte, der mich aber zurück in meine neue, alte Welt führen sollte und somit zurück in die Freiheit. Als das Flugzeug abhob, waren meine traumatischen Gedanken an China vorerst wie weggeblasen. Vorübergehend vergaß ich den schlimmen Schmerz, den mir das asiatische Land zugefügt hatte. Alles verblasste, als hätte sich zwischen mir und den anderen Passagieren – es waren ja auch viele Chinesen darunter - ein unsichtbarer Schutzwall gebildet. Ich fühlte mich wie hinter einer undurchdringlichen, dicken Glasscheibe, als ich zurück in heimischen Gefilden, am Gepäckband auf meinen Koffer wartete.

Alles wirkte so surreal.

Innerlich fühlte ich mich zerrissen, depressiv, körperlich und psychisch am Ende und kämpfte darüber hinaus mit enormen Verlust- und Zukunftsängsten. Dieser Gefängnisaufenthalt unter menschenunwürdigen Bedingungen hatte drastische Spuren hinterlassen. Zwar war ich entlassen worden und frei, dennoch schien mein Leben in Trümmern zu liegen.

Plötzlich war ich wieder frei, kein Aufpasser, kein Wärter neben oder hinter mir. *Aber was genau bedeutet eigentlich frei sein und Freiheit? Bin ich frei, nur weil ich wieder auf freiem Fuß bin oder stecke ich vielleicht noch in anderen Gefängnissen? Bin ich etwa ein Gefangener meiner Gedanken, meiner Vergangenheit, meiner Erinnerungen, meiner Ängste, meiner Erwartungen oder auch der Erwartungen anderer an mich? Wo sind die Grenzen meiner neuen bzw. zurückgewonnenen Freiheit, abgesehen von der Einhaltung bestehender Gesetze? Was ist mit freiem Willen? Haben wir überhaupt einen freien Willen oder sind wir, unser Denken und unser Handeln vorbestimmten Gesetzmäßigkeiten unterworfen?*

Plötzlich war ich irgendwie mit meiner Freiheit überfordert und fühle mich allein dadurch wieder unfrei. Die Welt um mich herum erschien mir unerträglich laut und alles ging unglaublich schnell.

Die Erinnerungen an meine Rückreise aus dem China-Gefängnis nach Hause sind ebenso süß wie bitter: Nach energiezehrender Rückreise inklusive Zug und Bus, kam ich nach geschlagenen vierundzwanzig Stunden endlich in der Wohnung meiner Eltern an. Nach so langer Zeit freute ich mich wahnsinnig auf meine Familie und hatte trotzdem Angst davor, Dinge zu sehen, zu hören oder überhaupt zu erfahren, die ich nicht erfahren wollte - Angst vor Konfrontationen, Angst vor Bekanntem und Unbekanntem. Während meiner Inhaftierung hatte sich

so vieles geändert und doch war irgendwie alles gleichge-
blieben. Das Wiedersehen mit meiner Familie war wunderschön und unbeschreiblich gewesen, auch wenn ich
die Spuren des Leids in den Gesichtern meiner Eltern
deutlich ablesen konnte. Ihre Sorgen, ihre Ängste, ihre
Nöte - all das konnte man an ihren neuen Falten, den
eingefallenen Gesichtszügen und dunklen Augenrändern,
die sich förmlich eingebrannt hatten, ablesen. Gesund-
heitszustand und Vitalität waren deutlich reduziert.

Mich plagten Scham- und Schuldgefühle in nie gekann-
ter Intensität. Die Euphorie der glücklichen Heimkehr
war damals trotzdem groß, das anstehende Chaos hinterher leider ebenso.

Während ich so auf meinem Bett lag und meine Ge-
dankenwelt zwischen damals und heute hin und her
sprang, machte ich mir bewusst, dass ich das Asienticket
tatsächlich gebucht hatte. Zugegebenermaßen wegen
einer Frau – wohlmöglich einer neuen Liebe - obgleich
der Themenbereich Freundin, Frau, feste Beziehung,
Bindung, Hochzeit, Familiengründung etc. bei mir stark
vorbelastet und noch nicht gänzlich verarbeitet ist. Noch
immer stecken mir mein damaliges Beziehungsdrama
und das traumatische Aus als unmittelbare Folge meiner
Inhaftierung allzu lebhaft in den Knochen.

Die Beziehung zu meiner damaligen Partnerin hat, die
wohl härteste Prüfung nicht überstanden. Wenn ich an

damals zurückdenke, steigen mir noch immer Tränen in die Augen, die ich jedoch inzwischen nicht mehr vergieße, sondern runterschlucke.

Ich sehe mich vor meinem geistigen Auge noch zu ihr fahrend, mit Bleifuß auf dem Gaspedal. Meine zurückgewonnene Freiheit kaum verstanden, physisch, psychisch und mental völlig überfordert, fuhr ich keine volle Stunde nach Ankunft im Elternhaus in unzumutbarem Zustand zu meiner damaligen Freundin. Ein großer Fehler, wie sich später herausstellen sollte - alles führte schlussendlich zu einer nerven- verzehrenden Trennungsphase mit gezogenem Schlussstrich. Die Zeit der Inhaftierung hatte uns entfremdet und eine tiefe Kluft zwischen uns geschaffen, die sich schnell als nicht mehr überbrückbar herausstellte. Wir stürzten uns quasi von einem Streit in den nächsten, von einem Missverständnis zum anderen. Anstatt das Gegenteil zu bewirken, stolperten wir in alle Konfliktfallen, in die man nur stolpern konnte.

Eine Hiobsbotschaft jagte die andere, ein Problem folgte auf ein weiteres, ohne dass die vorherigen gelöst wurden. Selbst kleinste Auseinandersetzungen konnten angesichts meiner bzw. unserer damaligen, psychischen Ausnahmesituation großen Schaden anrichten.

Zudem kursierten in unserer Gegend hanebüchene Gerüchte über mich und den Grund meines Gefängnisaufenthalts. Nichts als Lügen, üble Verdächtigungen und böse Nachreden verfolgten mich. Gerüchte sind spannend, solange man nicht selbst betroffen ist. Wird man selbst zur Zielscheibe, zerreißt es die Seele und steckt sie in ein neues Gefängnis.

Das Schlimmste von allem aber war, dass meine damalige Freundin dem verlogenen Gerede Gehör und Glauben schenkte und somit selbst Lügenmärchen an meine langjährigen Freunde weitergab, was einen emotional sehr tiefgreifenden Stress verursachte. Anstelle des langersehnten Neuanfang starb ich jeden Tag ein bisschen mehr. Statt die zurückgewonnene Freiheit zu genießen, steckten meine Gedanken in einem innerlichen Gefängnis fest.

Das war der Anfang meiner Rückkehr in mein neues, altes Leben. Ein Anfang, den ich mir so niemals vorgestellt und vorgenommen hatte. Ich wollte wie Phönix aus der Asche auferstehen. Stattdessen kämpfte ich nun dagegen an, als „Knacki" abgestempelt zu werden. Eigentlich hätte ich mich von dem Wahnsinn der letzten Monate erholen und vor allem neue Kraft tanken sollen. Ich wurde jedoch immer schwächer, zerbrechlicher und unmotivierter als je zuvor.

Meine damalige Freundin war nicht an einer vernünftigen Aussprache interessiert, wodurch ich mich dazu gezwungen fühlte, die Antworten bei anderen zu suchen. Ein bitterer, aussichtsloser Kampf mit weiteren Verletzungen und schweren, unnötigen Vorwürfen waren die Folge. Meine seelischen Wunden wurden stetig größer.

So lief ich und heulte, fühlte mich nicht verstanden, war verzweifelt und allein.

Der Beistand meiner Familie, meiner einzigen Schwester und meines Sohnes tat mir zwar gut, aber ich spürte nach wie vor die innere Leere. Die wenigen guten Freunde an meiner Seite, die zumindest versuchten mich zu trösten, schafften es nicht, mich aus meinem tiefen Loch herauszuholen. In solch trostlosen Situationen rückte das Thema Selbstmord gefährlich nahe ins Bewusstsein. Um mich nicht der Selbstvernichtung hinzugeben, versuchte ich mich abzulenken. Kurzerhand beschloss ich einen Nebenjob im Lieferservice anzunehmen. Das Arbeiten beim „Asiamann" brachte mich auf andere Gedanken und es machte Spaß, die Kunden mit Essen zu beliefern.

Somit vergingen die Wochen und Monate, die Probleme jedoch blieben und wollten einfach nicht weniger werden.

Immer wieder stellte ich mir die Frage nach dem Sinn meines Lebens. *Was sollte ich mit meiner wiedergewonnenen Freiheit anstellen?*

Ich möchte dieses Kapitel mit einer Frage an euch abschließen, die mich in jener Zeit sehr beschäftigt hat:

Was bedeutet Freiheit für euch? Wo beginnt die eigene Freiheit und wo endet die Freiheit des anderen? Was hat Freiheit mit dem

eigenen, freien Willen zu tun? Kann Freiheit auch gefährlich sein? Kann jeder Freiheit erlangen oder ist Freiheit nur etwas für Gelehrte?

Wer sich philosophisch mit dem Thema Willensfreiheit auseinandersetzt, sollte sich mit dem Begriff der Zurechenbarkeit oder der moralischen Verantwortlichkeit beschäftigen. „Es bedeutet, dass man für das, was man tut, moralisch verantwortlich ist und für seine Taten in gutem wie im schlechtem Sinne die Konsequenzen tragen muss."

Kapitel 4

Im chinesischen Gefängnis lauteten meine Gebete noch:

„Lieber Gott, bitte lass mich so bald wie möglich wieder nach Hause zu meinen Liebsten." Gott hatte meine Gebete erhört und am Ende war ich wieder Zuhause.

Allerdings war ich seelisch in einem so tiefen Loch gefangen, dass ich mir oft nur noch wünschte, erneut weit weg zu sein. Die Beziehung zu meiner Freundin lag in Trümmern.

Jeder Versuch, die Scherben wieder zusammenzuflicken, scheiterte. Alles war ein einziger, sinnloser Kampf.

Ich fühlte mich leer - ohne Perspektive, ohne sinnvolle Aufgabe im Leben, ohne eine Vollzeitstelle und ohne ein sicheres Einkommen. Ich musste etwas ändern, wenn ich nicht in noch tiefere Depressionen verfallen wollte. Einen richtigen Neuanfang wünschte ich mir. Nochmal von vorne beginnen und alles hinter mir lassen. Es schien, dass auch diese Gebete erhört wurden. Die Idee einer erneuten Asienreise stand zu jenem Zeitpunkt natürlich noch nicht zur Debatte, aber ein Stellenangebot, von dem mir ein enger Kumpel erzählte, kam wie gerufen.

Als Fließbandarbeiter könne ich bei einem großen Automobilhersteller in Ingolstadt arbeiten, erklärte er freudig. „Ich weiß ja, dass du einen Metallberuf gelernt und einen deutschen Personalausweis hast. Das passt wie die Faust aufs Auge. Außerdem können wir eine Fahrgemeinschaft bilden und jedes zweite Wochenende nach Hause fahren."

Bayern? Ingolstadt? Das ließ mich aufhorchen. Zwei Nächte sollte ich darüber schlafen und ihm dann meine Entscheidung mitteilen. Bayern ist nicht China oder ein Land, von dem anderweitiges Risiko ausgeht, sagte ich mir und die Arbeitsbedingungen und Gesetze sind zudem transparent und annehmbar. Unter anderem erfuhr ich, dass die Einstellung zwar vorerst nur über eine Zeitarbeitsfirma erfolgen würde, aber neben der guten Bezahlung plus Auslöse hätten wir beide die Option, uns nach etwa vier Jahren in unmittelbare Nähe unseres Wohnortes versetzen zu lassen. Die Voraussetzung dafür wäre allerdings nach spätestens zwei Jahren eine feste Übernahme. Alles in allem hörte sich das nach einem vernünftigen Plan an. Das Angebot kam wie gerufen, wünschte ich mir doch nichts sehnlicher, als beruflich wieder Fuß zu fassen und in der Automobilindustrie zu arbeiten.

Glück kann man nicht kaufen und Geld allein macht nicht glücklich, ist klar, aber ohne Geld ist man wirklich arm dran.

Darum begriff ich das Stellenangebot als neue Chance für mich.

Kaum vierundzwanzig Stunden später, nachdem ich das endgültige Okay von meinen Eltern und meinem Sohn eingeholt hatte, sagte ich zu. Meinen Angehörigen musste ich versprechen, mich regelmäßig an den Wochenenden blicken zu lassen, was aufgrund der Fahrgemeinschaft ja kein Problem darstellte. „Dann komm in zwei Tagen mit deinen Bewerbungsunterlagen zu mir", schlug mein Kumpel vor.

„Den Kontakt zu der Firma habe ich bereits hergestellt und denen mitgeteilt, dass ich einen weiteren Kollegen aus meiner Umgebung suchen werde." Er war sehr zuversichtlich.

Ich fuhr zwei Tage später zu ihm und er leitete meine Bewerbung online an die Firma weiter. Wir mussten Nägel mit Köpfen machen. Gleich danach suchten wir im Anschluss im Internet nach freiem Wohnraum für uns und wurden schließlich fündig - ein Studentenapartment. Wir vereinbarten sofort einen Besichtigungstermin für denselben Tag.

Nach nur zwei weiteren Tagen fuhren wir mit seinem Auto nach Bayern. Das Vorstellungsgespräch verlief positiv und nachdem wir unsere Arbeitsverträge unterschrieben in Händen hielten, nahmen wir den Wohnungsbesichtigungstermin am Nachmittag wahr.

Die freien Einzelapartments lagen nur fünf Kilometer von der Arbeitsstätte entfernt und das Stadtzentrum war sogar zu Fuß zu erreichen. Ohne zu zögern unterschrieben wir die Mietverträge. Alles schien sich zu unseren Gunsten zu entwickeln.

Nachdem ich zurück in Niedersachsen die letzte Hürde genommen hatte, nämlich die Agentur für Arbeit darüber zu informieren, dass ich schon sehr bald eine Arbeit in Bayern aufnehmen würde, gab es kein Zurück mehr. Eigentlich hatte mich das Arbeitsamt wegen meiner Erlebnisse in China für sechs Monate vom Arbeitsmarkt freigestellt, aber nachdem ich mir vom Arzt meine volle Einsatzfähigkeit bescheinigen ließ, bekam ich grünes Licht von der Behörde. Als alles in trockenen Tüchern war, informierte ich zu guter Letzt meine Freundin über den Stand der Dinge. Aufgebracht sagte sie nur am Telefon:

„Ich warte so lange auf dich und kaum bist du wieder zurück, verschwindest du nach kurzer Zeit schon wieder." In keiner Weise wusste ich jedoch, wie ich mit dem hin und her der Gefühle umgehen sollte. Einerseits befanden wir uns mitten in der Trennungsphase, andererseits hielten wir verzweifelt aneinander fest, wohlwissend, dass es nichts brachte.

Eine räumliche Trennung könnte vielleicht sogar ein letzter Weg sein, wieder zueinander zu finden. Mein Entschluss stand fest. Ich wollte nach Ingolstadt. Niemals hätte ich das länger ausgehalten. Die ständigen Auseinandersetzungen mit meiner Freundin hatte ich satt. Lieber nahm ich eine erneute Reise ins Ungewisse auf mich.

Kapitel 5

Die letzten Tage vor Antritt meiner neuen Aufgabe verbrachte ich die meiste Zeit mit meiner Familie. Jede Minute kostete ich intensiv mit ihnen aus, bevor wir wieder auseinandergehen und uns Lebwohl sagen mussten. Dann kam der Tag, an dem es losgehen sollte.

Meine sieben Sachen waren gepackt und ich konnte zu meinem Kumpel aufbrechen, der nur zwei Kilometer von mir entfernt wohnte. Von ihm aus wollten wir – so unser Plan – jeder mit dem eigenen Auto weiter in Richtung dem immerhin fünfhundertsechzig Kilometer entfernten Ingolstadt fahren. Mir graute ein wenig vor der elend langen Autofahrt. Zum einem mag ich grundsätzlich keine langen Reisen – erst recht keine langen Autofahrten – zum anderen, weil ich aus China so manche psychologischen Langzeitfolgen mitgebracht habe.

Das Aushalten von räumlicher Enge beispielsweise fällt mir um ein Vielfaches schwerer als früher und ich fühlte mich vor Reiseantritt entsprechend angespannt und verkrampft. Klaustrophobische Schübe nennt man das Phänomen im Fachjargon der Psychologie. Generell ist mein Bewusstsein für Bedrohungen und Gefahren aller Art wesentlich sensibler geworden und mir ist klarer, als mir lieb ist, dass vor allem langes Fahren, Staus, Müdigkeit und rücksichtslose Autofahrer hinterm Steuer die Fahrt immer und jederzeit gefährden können. Nur Gott allein weiß, ob wir je heil an unserem Ziel ankommen werden. Aber so sagte ich mir, um mich zu beruhigen, für eine bestimmte Zeit ist vieles auszuhalten.

Das Abschiedsritual meiner Familie sollte mir die bevorstehende Tour erleichtern: Die Türken haben nämlich ein Mittel gegen all das Unheil, das beim Reisen auftreten kann. Bei der Abfahrt schütten Freunde oder Familienangehörige einen halben Eimer Wasser hinter das losfahrende Auto.

Dem Volksglauben nach, soll der Wagen nun wie das klare Wasser fließend am Ziel ankommen. Dabei werden folgende Sätze gesagt: „Tez git, tez gel. Su gibi çabuk ol, kazasız ve belasız git ve gel." Zu Deutsch: „Sei schnell wie das Wasser, fließe schnell zurück und fahr ohne Unfall und Plage." Nachdem ich mich von meinen lieben Eltern und meinem Sohn innig verabschiedet hatte, praktizierten sie diesen Brauch und ich fuhr optimistisch und guter Dinge los.

Bei meinem Kumpel angekommen, fuhren wir jeweils getrennt in unseren schwer bepackten Autos, ebenso froher wie hoher Erwartungen weiter Richtung Bayern. Bis dahin wusste ich nur, dass Ingolstadt architektonisch eine ziemlich beindruckende Stadt ist, im Kern eine historische Altstadt zu bieten hat.

Laut Wikipedia war sie Sitz vieler altertümlicher Regenten. Die Stadt ist bekannt dafür, dass einst – genauer 1776 - jener sagenumwobene Geheimbund der Illuminaten gegründet wurde, ebenso in vielen literarischen Werken und Filmen, wie etwa dem Roman von „Dan Brown" thematisiert wurde (Illuminati 2003). Langweilig würde es mir dort jedenfalls nicht werden. Kulturell gibt es in Ingolstadt viel zu sehen und zu besichtigen, worauf ich sehr gespannt war.

Die Fahrt verlief trotz meiner enormen inneren Anspannung recht angenehm. Zwar war die Strecke einerseits ohne Beifahrer stellenweise sehr langweilig und man musste höllisch aufpassen, nicht vom gefürchteten Sekundenschlaf übermannt zu werden – obwohl ich ausgeschlafen war – anderseits musste ich mich nicht permanent unbequemen Erinnerungen stellen.

Nahezu alle meine Bekannten und Freunde quetschten mich nämlich wann immer sie mich trafen, nur noch zum Thema China-Gefängnis aus und wollten bis ins Detail alles darüber erfahren – so, als bestünde ich und mein Leben nur aus den Gefängnismauern, die mich noch bis vor kurzem umgaben.

Mir würde es umgekehrt sicher nicht anders ergehen, aber ich wäre froh, wenn mal wieder andere Themen auf der Tagesordnung stünden. Schließlich wollte ich nicht immer und überall von meiner Vergangenheit eingeholt und verfolgt werden. Stattdessen wollte ich das alles endlich abstreifen und meine „alte Haut" wechseln wie eine

Schlange. In der neuen, fremden Stadt würde mir das gut gelingen, so hoffte ich jedenfalls, schließlich kannte mich dort keiner.

Ich muss gestehen, die um die 130.000 Einwohner zählende Stadt an der schönen Donau mit der auffällig hübschen Altstadt, gefiel mir auf Anhieb sehr und ich fühlte mich schon nach kurzer Zeit überaus wohl. Obwohl ich mich dort vermutlich nie wirklich heimisch fühlen würde, da ich von vornherein wusste, dass ich dort nur begrenzte Zeit verbringen und arbeiten würde. Die erste Nacht verbrachte ich in einem Zustand annähernder Zufriedenheit und hoffte, dass hier alles gut für mich werden würde. Dass sich für einen Pechvogel wie mich schon wieder dunkle Wölkchen am Himmel zusammenbrauten, die jedoch für mich noch lange nicht sichtbar waren, konnte ich zu jenem Zeitpunkt noch nicht ahnen.

Stattdessen freute ich mich auf meinen ersten Arbeitstag und schlief einigermaßen selig in der fremden Umgebung ein.

Um 04.30 Uhr klingelte der Wecker. So quälte ich mich aus dem Bett und fuhr nach einer guten „Allmählich – wach – wird – Stunde" zur neuen Arbeitsstelle. Gemeinsam mit vierzig weiteren neu eingestellten Arbeitern erfolgte die erste Unterweisung. Bereits am zweiten Arbeitstag wurden wir am Fließband in der Vormontage

angelernt. Aller Anfang ist schwer. Weil man permanent mit dem Takt des Fließbandes mithalten musste, war die neue Arbeit vorerst ziemlich anstrengend. Dennoch war sie für mich wie Gottes Segen, weil damit mein Wunsch in Erfüllung ging – hatte ich im chinesischen Gefängnis doch dafür gebetet – nach meiner Entlassung erneut in der Automobilindustrie arbeiten zu können.

Voller frischem Elan machte ich mich an die neue Arbeit. Mit den Worten „Hawedehre" wurde ich am ersten Arbeitstag von einem meiner neuen Kollegen begrüßt, als wir uns gerade allein in dem kleinen Raucherraum aufhielten.

Gebürtige Bayern drücken sich zuweilen gerne etwas derb aus, wobei ich von Glück noch sagen konnte, dass hier in Ingolstadt vier von fünf Leuten Hochdeutsch sprachen.

„Leider weiß ich nichts mit dem Wort anzufangen Kollege", steckte ich dem neuen Arbeitskollegen etwas verlegen.

Er lächelte nur freundlich und klärte mich auf, dass dieser Ausdruck eine höfliche Begrüßung sei, so etwas wie: „Habe die Ehre." Schon während der Unterweisung am ersten Arbeitstag sagte ich der Dame, die überwiegend mit einem oberbayerischen Dialekt sprach, dass ich kein einziges Wort verstehen würde und ob sie denn freundlicherweise, wenn es möglich wäre, alles auf Hochdeutsch wiederholen könne. So hatte ich erneut mit Sprachbarrieren zu kämpfen, wenn auch innerdeutsch, die allerdings nichts im Vergleich zu denen in China waren. Ich gewöhnte mich nach und nach daran.

In unserer Arbeitskolonne waren wir insgesamt zwölf Mann. Darunter befand sich auch ein türkischer Gruppensprecher. Mein Kumpel arbeitete am gegenüberliegenden Bandabschnitt.

An unserem Band waren zwölf verschiedene Arbeitsgänge zu erlernen.

„Pro Arbeitsgang stehen jedem in der Regel vier bis fünf Werktage Arbeitszeit zu", ließ mich der fast gleichaltrige, türkische Gruppensprecher gleich am zweiten Arbeitstag wissen, als ich hochkonzentriert mit einem anderen Kollegen dabei war, die schweren Frontscheiben möglichst haargenau in Hunderte von Autos, die im gleichen Tempo auf dem Band an uns vorbeizogen, anzubringen.

Natürlich brauchte es eine angemessene Zeit und vor allem Übung, eine neue Arbeit fehlerfrei zu verrichten, bis sie zur Routine wird.

Unser Gruppensprecher fing ebenfalls erst vor wenigen Jahren beim hiesigen Autohersteller als Leiharbeitnehmer an. Er hatte stets ein offenes Ohr für mich und lobte mich schon bald, als er sah, dass ich mir Mühe gab, fleißig war und gute Arbeit leistete. Nach einer guten Woche befand ich mich ganz vorne am Bandabschnitt, an dem ich die Dachmodule von meiner Sitzposition aus im Affentempo an die vorgefertigten Pkw anbringen

sollte und mit der ohnehin knappen Restzeit, weitere vier Muttern mit einem Drehmomentschrauber anziehen musste.

Eine heikle Angelegenheit auf Zeit.

Wenn man länger als die vorgegebene Zeit von zweiundvierzig Sekunden pro Auto benötigt, dann muss ein sogenannter Bandstopp vollzogen werden. Eine – aus wirtschaftlicher Perspektive betrachtet – tödliche Situation für jeden Vorarbeiter und Meister. Wenn nämlich der Meister anrücken musste, weil das Band schon einige Minuten stillstand, dann war die Situation mehr als brenzlig. (Wehe man verursachte einen Bandstopp, dann war Schluss mit lustig). Jede verlorene Minute kostete tausende Euros und bedeutete weitere, rote Zahlen. Schnell musste man dann aus dem Auto raus und zum Notschalter sausen, um den Schlüssel rasch wieder umzudrehen, damit keine weiteren, wertvollen Sekunden verloren gingen und das Band wieder seine gewohnte Geschwindigkeit aufnehmen konnte.

Klar, es gab gelegentlich auch mal Bandstopps, die andere Arbeiter vom anderen Bandabschnitt verursachten - mal für zehn Minuten - mal sogar länger. Dann hieß es, rasch den Arbeitsplatz sauberfegen, Ersatzteile nachfüllen und bei Bedarf neue Ware bestellen, auspacken oder neu bestücken. Von allen Arbeitsgängen waren nur die wenigsten komplex. Normalerweise konnte jeder diese Jobs ausführen, der in der Lage war, innerhalb von zehn Minuten seinen Namen richtig zu schreiben.

Es waren keinerlei Vorkenntnisse erforderlich und nach meiner Einschätzung auch nicht nötig. Wenn man irgendwann nach ein paar Wochen soweit war und alle Arbeitsgänge gut meisterte, gestaltete sich der Job recht monoton. In der Regel sollte der Abwechslung halber, jeder Bandarbeiter alle zwei Stunden eine andere Arbeit verrichten. Ausnahmen bildeten da nur ältere Kollegen, die aus Gewohnheit darauf bestanden, immer denselben Arbeitsgang auszuüben.

Aus unserer Arbeitsorganisation hielt sich der Meister, der ohnehin wenig Zeit hatte und sich so gut wie nie blicken ließ, heraus. Lediglich zu Beginn der Schicht kam von ihm nur ein kurzes „Servus" und schon verkroch er sich in seiner Bude. Eine Wohltat für uns Fließbandarbeiter waren die Pausen.

Die Betriebskantine lag gleich eine Halle weiter und jeden Tag wurden mehrere Gerichte zu bezahlbaren Preisen angeboten. Ein Segen für die schweißtreibende Taktarbeit, um neue Kraft zu schöpfen. Gerade in den Sommermonaten erreichten die Temperaturen Rekordwerte und ich hatte zuweilen das Gefühl, in Anatolien zu arbeiten. Zum produktiven Arbeiten gehörte genügend zu trinken – zum Glück auf Kosten der Firma.

Bei aller Dankbarkeit, einen neuen Job gefunden zu haben, überkam mich schon bald ein Gefühl von Monotonie und Gleichförmigkeit ohne besondere Herausforderungen und Ziele. Ich schwamm im Meer der Arbeiter einfach so vor mich hin und fragte mich nach dem höheren Sinn meines Lebens, ohne eine Antwort darauf zu finden. Essen, schlafen, arbeiten – essen, schlafen, arbeiten - so vergingen die Tage.

Natürlich hielt ich zu jener Zeit regelmäßig telefonischen Kontakt zu meinen Lieben, was mir sehr wichtig war und neue Kraft gab. Zum Feierabend erkundete ich nach und nach die Ortschaft. In Bayern konnte man sich nicht satt sehen, denn überall gibt es zahlreiche, wunderschöne Seen.

Ingolstadt wurde meine neue Heimat auf Zeit. Eine Stadt, die ihren Platz an der Sonne hat. Sonnenbaden und Schwimmen standen an meinem ersten freien Wochenende an, wodurch der Arbeitsstress vom neuen Job wie weggeblasen wirkte.

Beim Entspannen sortierte ich allmählich meine Gedanken und versuchte abzuschalten. „Sei du selbst, dann geht es dir besser, egal wo du lebst", sagte ich mir, aber ein gewisses Gefühl des Unausgefülltseins blieb. So entstand eine neue Aufgabe, die mich fortan weiter antrieb: Meine beiden Tagebücher, die ich in China im Gefängnis jeden Tag aufgezeichnet hatte, begleiteten mich. Hier im Freibad, bei blauem Himmel und strahlendem Sonnenschein, welchen ich während der Gefangenschaft so schmerzlich vermisste, entstand mein erstes Buch: „China - 210 Tage Hinter Gittern."

44

Kapitel 6

Das Schreiben meines ersten Manuskriptes „China - 210 Tage Hinter Gittern" sowie die Aussicht darauf, es nach der Fertigstellung nicht nur zwischen zwei Buchdeckeln zu platzieren, sondern es – im Idealfall – sogar in den Buchladenregalen aller Welt zu präsentieren, beflügelte mich ungemein. Obwohl ich mich damals nicht als Autor oder gar Berufsschriftsteller sah, riss mich die Schriftstellerei ein wenig raus aus dem täglichen Fließbandtrott und ließ mich zeitweise zumindest geistig wie Phönix aus der Asche emporsteigen. Ich kann jedem, der in seinem Leben schlechte Erfahrungen gemacht hat und nicht weiß, wie er sie je vollständig verdauen soll, nur wärmstens empfehlen, sie zu Papier zu bringen. Für mich jedenfalls war und ist es ein wunderbarer Weg der Selbsttherapie.

Jeweils vor und nach der Arbeit vervollständigte ich akribisch Seite um Seite. Um die komplette Geschichte aufzuschreiben, brauchte ich übrigens ganze acht Monate. Zum Teil leider unter miserablen, sprich ziemlich unprofessionellen Umständen, wie ich aus heutiger Sicht weiß. Zu jener chaotischen Zeit war ich mental noch total neben der Spur und wusste absolut nix vom Schreiben. Zudem hatte ich nicht die geringste Ahnung, wie und wo ich einen Lektor finden, geschweige denn an einen Verlag kommen sollte. Ich hatte von dem gesamten Metier null Ahnung. Mein spontaner Beitrag – eine Leseprobe in einer geschlossenen Gruppe bei Facebook – sorgte für Aufsehen. Viele Interessierte, darunter Autoren, Lektoren und verschiedene Verlage, kontaktierten mich daraufhin. Als unbedarfter Newcomer gebe ich zu, dass das Ganze damals ziemlich unprofessionell und unstrukturiert verlief. Hinterher hatte ich zu allen Aspekten des Schreibens und Veröffentlichens mehr Fragen als Antworten. So wusste ich nicht, wie teuer ein Lektorat ist und wo und wie ich den passenden Verlag finden sollte.

Wie kann ich mich bewerben und was zum Teufel ist eine Normseite? Wer macht eigentlich die Covergestaltung und wie hoch sind die Kosten dafür?

Dann war da auch noch das Thema Selbstverlag und die damit verbundenen Vor- und Nachteile, die ich nicht kannte. Schlussendlich vertraute ich mich einem älteren Autor, etwa im Alter meines Vaters, an. Dieser Mann war nach Spanien gezogen, wie er mir berichtete und hatte bereits mehrere Bücher geschrieben, die sich, gemäß seiner Aussage, nach wie vor gut verkauften. Er bot mir ein Lektorat und gleichzeitig auch einen Verlag an, über den er ebenfalls seine Bücher vertrieb. Das hörte sich alles vernünftig an.

Aber das Glück ist manchmal wie eine Seifenblase. Denn die Wahrheit sah am Ende so aus, dass der Mann mich acht Monate lang hinhielt und mir in der Zeit mehr

Arbeit machte, als sie mir abzunehmen. Weil der gute Herr so viele Passagen aus meiner aufgeschriebenen Geschichte einfach rigoros herausstrich, ohne vorher mit mir diesbezüglich Rücksprache zu halten. Letztendlich besserte er vielleicht zwanzig Prozent des Textes notdürftig aus. Nachdem ich ihm eintausend Euro für seinen Pfusch überwiesen hatte, wollte er mir tatsächlich weismachen, der Text sei bis auf das letzte Kapitel fertig. Ich fiel aus allen Wolken, als ich in seiner Mail las, dass er weitere dreihundert Euro für die Beendigung seiner Arbeit forderte. Wenn er doch wenigstens halbwegs gute Arbeit geleistet und nicht diesen Murks verzapft hätte.

Meine Vorstellungen, mein Werk in allen Buchhandlungen zu finden, konnte ich erst mal begraben.

Der „Möchtegern-Lektor" bekam natürlich keinen weiteren Cent mehr von mir. Verärgert wie ich war, brach ich den Kontakt zu ihm ab und wünsche ihm die Pest an den Hals, schon allein wegen der unnötig verloren gegangenen acht Monate. In der Zwischenzeit hatte ich blauäugig, wie ich war, mit dem Verlag, den er mir empfohlen hatte, einen Vertrag unterzeichnet. Von diesem, der mir auf einmal ebenso unseriös erschien, trat ich nun postwendend zurück. Zum Glück entstanden mir dadurch keine weiteren Kosten und Probleme. Erneut begab ich mich auf die Suche nach einem Lektorat, das – mit mir gemeinsam – aus meinem schriftstellerisch brachliegenden Ackerland, literarisch eine Blumenwiese machen sollte.

Kapitel 7

Nach den ersten zwei Arbeitswochen war es für meinen Kumpel und mich an der Zeit, per Fahrgemeinschaft den Lieben Zuhause einen Besuch abzustatten. Ich freute mich riesig auf das vor mir liegende freie Wochenende, sowie schöne gemeinsame Stunden mit meinem Sohn und meinen Eltern.

Das Wiedersehen mit meiner Familie war genau wie erwartet, wunderschön. Das Wiedersehen mit meiner damaligen Freundin – entgegen jeder Erwartung – ebenso. Zunächst jedenfalls.

Die räumliche und zeitliche Distanz zwischen uns hatte unserer fragilen Beziehungskonstellation allem Anschein nach gutgetan. Streckenweise fühlte sich zwischen uns beiden alles wieder an wie früher. Es schien, als schöpften wir neue Hoffnung für eine gemeinsame Zukunft. Eine fatale Gefühlsduselei, wie sich recht schnell herausstellen sollte. Wohl von einer Art überschwänglichem Liebestaumel erfasst, bot meine Freundin mir an, mit nach Ingolstadt zu kommen – wenn ich nichts dagegen hätte. Von dem emotionalen Hochgefühl eingelullt, stimmte ich der Idee unter Vorbehalt zu: Aber das geht nur, wenn wir uns versprechen, nicht mehr unnötig über jeden Mist zu streiten. Ich brauche einen klaren Kopf – nicht nur für den neuen Arbeitsplatz. Die Arbeit an meinem Buch erfordert ebenfalls meine volle Konzentration." Wir versprachen einander hoch und heilig den Waffenstillstand und fuhren – nachdem man unser Reisegefährt der Tradition entsprechend mit einem halben Eimer Wasser übergossen hatte – frohen Mutes los.

Leider klappt im Leben nicht immer alles so, wie man es sich erhofft.Der Beschluss, gemeinsam nach Bayern aufzubrechen, um die Beziehung neu zu definieren, kristallisierte sich schnell als verheerende Fehlentscheidung heraus. Bereits während der langen Autofahrt stritten wir ununterbrochen.

Innerlich machte mich der Knatsch nervös, unruhig und aggressiv und ich musste höllisch aufpassen, hinterm Steuer nicht die Kontrolle zu verlieren. Verdammt viele Autounfälle passieren, wie ich wusste, abgesehen vom Phänomen des Sekundenschlafs, nur deshalb, weil Fahrer und Beifahrer während der Fahrt miteinander im Clinch liegen.

Während der elend langen Fahrt begleitete mich streckenweise ein unangenehmer Tunnelblick und die zuweilen schrille Stimme meiner Begleiterin stach mir in die Gehörgänge. Ständig dieser Krieg zwischen den Menschen, sogar zwischen denen, die sich doch angeblich liebten und für ihren Frieden kämpften. Wie um alles in der Welt soll die Menschheit die Kriege hinter sich lassen und in Friedenszeiten übergehen, wenn nicht mal wir kleinen, privaten Leute es schaffen, unsere guten Vorsätze diesbezüglich in die Tat umzusetzen?

„Arschloch", brüllte ich irgendwann zwischendurch wie von Sinnen und schlug meine Handflächen mit Karacho aufs Lenkrad. Ein Vollidiot schnitt mir mit einem halsbrecherischen Überholmanöver in die Spur, so dass ich volles Rohr bremsen musste. Von meiner Freundin bekam ich nur einen straffenden Seitenblick, bevor unsere hitzigen Diskussionen munter weitergingen – diesmal ergänzt um Nörgeleien bezüglich meines angeblich zu hitzigem Fahrstil.

Nach heiler Ankunft gingen unsere Dispute lustig weiter. In der ohnehin viel zu kleinen Wohnung mit ihren gerade mal dreißig Quadratmetern, war einfach nicht ausreichend Platz für zwei Personen. Man ging sich unweigerlich permanent auf die Nerven, egal wo man ging und stand. Man hörte jeden Ton. Wir hatten grade mal den Fuß in die Tür gesetzt, schon ging das Gezeter weiter. In der Folgezeit wurde es nicht besser: Wenn ich wegen der Arbeit früher ins Bett gehen musste, wollte sie noch fernsehen. Wenn ich schreiben wollte, war ihr nach spazieren gehen. Die Vorwürfe ihrerseits, die ich mir weiterhin tagtäglich bezüglich vergangener Ereignisse anhören durfte, wollten einfach nicht verstummen. Ich hatte tatsächlich hier in der Fremde angefangen, mein vorbelastetes Ich abzustreifen wie eine alte Haut. Es tat mir unglaublich gut, hier niemanden zu kennen, der mir wegen China andauernd Löcher in den Bauch fragte oder mich anderweitig mit der Sache konfrontierte. Aber jetzt war sie wieder da und riss die alten Wunden von neuem auf, indem sie mir subtil das Gefühl vermittelte, ein Ex-Sträfling zu sein, der nichts wirklich auf die Reihe bekam in seinem Leben. Dauernd herrschte dicke Luft zwischen uns und dies übertrug sich natürlich auch direkt auf meine Arbeit, meine Leistungsfähigkeit und Motivation. Allein meiner Selbstdisziplin und meinem Durchhaltevermögen war es zu verdanken, trotzdem eine gewisse Ordnung in meinem Kopf zu bewahren, obwohl mir das alles andere als leichtfiel.

Mit eisernem Willen zog ich meine Arbeitseinsätze trotz extremer Müdigkeit, starker Kopfschmerzen und erheblichen Konzentrationsproblemen durch, ohne mir auch nur einen einzigen Fehltag zu leisten.

Als wäre das alles nicht genug, gesellte sich schon bald darauf weiterer Ballast zu meinem Alltagsstress hinzu:

Die Krise in der Automobilbranche gefährdete massiv meinen Arbeitsplatz und damit automatisch auch meine gesamte Lebenssituation.

Kapitel 8

Mein Leben wurde nicht müde, mir ständig neue Steine in den Weg zu legen: Im September 2015 wurde in den USA bekannt, dass der Mutterkonzern unseres Werkes mittels einer speziell justierten Motorsteuerungssoftware niedrigere Abgaswerte vorgetäuscht hatte. Somit geriet unsere Konzerntochter automatisch unter Verdacht, Kunden gehörig betrogen zu haben. Frei nach dem Motto: mitgefangen, mitgehangen.

Die Dieselautos waren von den Betreibern jahrelang so manipuliert worden, dass sie lediglich im Labor normgerechte Abgaswerte erzielten, die Stickoxid-Grenzwerte im realen Straßenverkehr jedoch bei weitem überschritten.

Die Unternehmen schlitterten folglich in ein Fiasko und mit ihnen alle Arbeiter und Angestellten. Die Abgasmanipulation verstärkte vor allem unter uns Leiharbeitern die Angst im Nacken und jeder fürchtete um den Verlust seines Arbeitsplatzes. Verunsichert durch das plötzliche Debakel, warf mein Kumpel als Erster das Handtuch und kehrte zurück nach Niedersachsen. Durch seine Betriebsflucht verlor ich somit nicht nur meine engste Bezugsperson, sondern gleichzeitig einen wichtigen Gesprächspartner und sozialen Puffer; ein Halt, der vieles von dem aufzufangen vermochte, was meine Beziehung schon länger nicht mehr konnte. Sein Aufbruch brachte selbstredend auch mich zum Nachdenken. *Sollte ich hier ebenfalls rechtzeitig die Segel streichen?*

Nicht zum ersten Mal ertappte ich mich bei der Frage, ob ich nicht doch nochmal mein Glück im Ausland versuchen sollte. Einfach irgendwo auf der Welt. Afrika, Indien oder Amerika.

Ja, selbst einen erneuten Trip nach Asien schloss ich nicht aus. Irgendetwas zog mich – so paradox es auch klingen mochte – noch immer dorthin.

Allerdings war China als Reiseziel angesichts der neuesten Entwicklungen wohl generell nicht zu empfehlen. Mitte des Jahres 2015 rückte nämlich unter dem Schlagwort „China-Crash" die größte Volkswirtschaft der Welt in den Fokus internationaler Besorgnis. Konjunkturelle Eintrübungen brachten Bedenken um die substanzielle Verfassung der chinesischen Ökonomie an die Oberfläche und nachlassende Wachstumsquoten des Bruttoinlandsproduktes (BIP) der weltgrößten Wirtschaftsnation verstärkten Befürchtungen einer abflauenden Weltkonjunktur, die in ihrer Dynamik alles mit sich in den Keller reißen könnte.

Westliche Wirtschaftsexperten bezichtigten die Asiaten einer sogenannten „kreativen Buchführung" und es kursierten seit geraumer Zeit Vermutungen, dass Zahlen von offizieller Seite frisiert worden seien. Traditionell

wichen die chinesischen Berechnungsmethoden für das BIP zwar schon immer von der in der westlichen Welt praktizierten Vorgehensweise ab, aber die letzten Berechnungen wirkten wohl geradezu irritierend exotisch auf Insider.

Eine Reihe renommierter Experten gingen jedenfalls von einer extremen Schönung wichtiger Zahlen aus, wie man gängigen Wirtschaftsblättern entnehmen konnte. Die schwachen Wachstumsraten der größten Volkswirtschaft der Welt und eine pessimistische Prognose für künftige Quartale verstimmten die Anleger an den chinesischen Börsen und boten den Nährboden für schmerzhafte Kollisionen. Als Reaktion darauf verzeichneten nicht nur die einheimischen Finanzmärkte massive Verluste.

Ebenso internationale Märkte traf der Wachstumsschock mit voller Wucht. In Folge eines schweren Kurssturzes litten die Weltbörsen und Firmen mit hohem Exportanteil, allen voran gerieten natürlich die Autobauer weiter in Bedrängnis.

Je mehr ich mich mit all diesen Zusammenhängen beschäftigte, desto mehr kam ich mir vor, wie in einem gigantischen Wirtschaftskrimi. Lumpenstücke, in denen man nur alle Einzelfäden auseinander flechten musste, um Ursache, Wirkung und Verstrickungsmuster zu erkennen und ich fühlte mich bei meiner täglichen Arbeit immer mehr darin verwoben.

Jetzt im Juli 2020, wo ich dieses Werk final überarbeite, leben wir in Zeiten des Corona-Virus. Eine Pandemie, die von China aus in die ganze Welt transportiert wurde. Der gesamte Erdball steht vor einem erneuten Wirtschaftskollaps, es gibt Reiseverbote, Quarantäne, drohende Ausgangssperren und obendrein reichlich Verschwörungstheorien. Aber keine Sorge: Ich will jetzt weder explizit einen Wirtschaftskrimi schreiben noch das Kapitel einer Verschwörungsabhandlung aufschlagen und schon gar nicht möchte ich zu irgendwelchen wilden Spekulationen über diffuse Zusammenhänge beitragen. Es soll euch überlassen bleiben, welche Lesebrille ihr aufsetzt.

Zum damaligen Zeitpunkt entschied ich mich, im Gegensatz zu vielen meiner Kollegen, zunächst im unsicheren Sattel meiner Firma sitzen zu bleiben. Ich dachte mir, ein lahmer Gaul ist besser als gar kein Reitpferd. Für mich war es nach allerlei Grübelei schlicht noch nicht an der Zeit aufzugeben.

Ich kämpfte, betete, schrieb, schuftete und stritt mich unnötig weiter auf engstem Raum mit meiner Freundin.

Dabei versuchte ich dennoch Ruhe zu bewahren, damit mir die Luft nicht vollständig ausging.

Unsere toxische Beziehung raubte mir Schlaf und Energie und strapazierte meine Nerven. Meine letzten Energiereserven und mein Lebenswille spornten mich dennoch an und ließen mich nicht in ein weiteres, tiefes Loch fallen. Zwei oder drei meiner Kollegen, die ein offenes Ohr für mich hatten, bestärkten mich in meiner Entscheidung. Als ich alle Arbeitsgänge im Schlaf beherrschte, konzentrierte ich mich immer mehr auf die neu gewonnenen Kumpane, mit denen ich eng zusammenarbeitete und Zeit verbrachte.

Man glaubt gar nicht, was so ein Gerangel, um den Arbeitsplatz und der damit verbundenen Sicherung von Einkommen und Lebensstandard unter so manchen Kollegen hervorzubringen vermag. Ebenso ein interessanter Wirtschaftskrimi, wenn man so will, aber davon mehr im nächsten Kapitel.

Kapitel 9

Themen wie Mobbing und Denunziation belasteten meinen Arbeitsplatz zunehmend, hingen wie Damoklesschwerter über unseren Köpfen – und verunsicherten mich mit meiner Vorgeschichte umso mehr.

Es gibt unterschiedliche Kollegen. Manche tun alles, um an Informationen, Ideen und fremdes Gedankengut zu kommen, um es dann zum eigenen Vorteil einzusetzen. Ihre Masche:

Heute bester Freund und vertrauter Kollege, mit dem man über alles sprechen kann und morgen sind sie plötzlich der beste Freund des Chefs, dem sie dann fremde Ideen als die eigenen unterjubeln. Ideendiebe sind im Team schnell gebrandmarkt. Kommen die Kollegen dahinter, ist das Vertrauen dahin. Ideenklauer verfolgen daher häufig entweder die Strategie: „Mein Name ist Hase, ich weiß von nichts", oder sie mimen den Unschuldigen und schieben es den anderen zu. Unter den Kollegen gibt es auch solche, denen es sichtlich Freude bereitet, Fehler von anderen aufzuspüren und diese brühwarm dem Gruppensprecher und dem Meister zuzuspielen. Einige davon sind sogenannte Vorteilskämpfer. Sie tun alles für ihren Vorteil und gehen über Leichen, koste es, was es wolle. Skrupellos legen sie ihren

Kollegen Steine in den Weg. Meist verstehen sie sich selbst als Team-Anführer.

Insgesamt gab es einige Denunzianten unter uns, mit denen ich täglich zu tun hatte. Diese waren aber auch an anderen Bandabschnitten vertreten. Wie überall auf der Welt findet man sie dort, wo es gesellig ist und sie unter sich sind, zum Beispiel in den Raucher-Ecken.

Lästermäuler sind keine Einzelgänger, sondern treten häufig in Rudeln auf. Sie sind gesellig und es ist ihnen wichtig dazuzugehören. Gemeinsam über nicht anwesende Kollegen herzuziehen verbindet sie. Eben noch haben sie dem Kollegen Meier berichtet, was Frau Müller heute wieder alles verbockt hat und im nächsten Moment ziehen sie mit Frau Müller über Herrn Meier her.

Zum Schluss sollten die Besserwisser und Sprücheklopfer nicht unerwähnt bleiben. Solche halten sich für superschlau, allwissend und haben zu allem eine Meinung. Sie sind brillante Schauspieler und es gibt scheinbar nichts, was sie nicht wissen. Im Team steht der Klugscheißer entweder im Hintergrund und schießt seine schlauen Sprüche gezielt ab oder aber der Typ „Dampfplauderer" nervt seine Kollegen ständig mit seiner Meinung, auch wenn sie gar nicht gefragt ist. Ein anonymes Nebeneinander, gerade in der Arbeitsgruppe, mag ich nicht wirklich.

Wenn schon verschiedene Tierarten in der Lage sind, beispielsweise durch bestimmte Laute und Rufe sich zu verständigen, um ihre Genossen entweder auf Abstand zu halten, sie anzulocken, zu begrüßen, zu besänftigen oder zu warnen, dann sollten wir Menschen erst recht in der Lage sein, sorgsam und verantwortungsvoll miteinander umzugehen.

Schon immer bin ich ein offener, unkomplizierter und kontaktfreudiger Mensch, der überhaupt keine Probleme hat, auf fremde Leute zuzugehen.

Mit einigen wenigen Kollegen aus der Truppe verstand ich mich auf Anhieb sehr gut und wir witzelten nahezu den halben Tag über alles Mögliche. Egal, ob über meine von zu Hause mitgebrachten und mit Liebe belegten „Hamza-Burger" (von mir belegten Brote), die es zum Frühstück gab oder über meinen stark auffallenden, weißen Nissan Micra mit der roten Hecktür, der so etwas wie ein Unikat war und mich regelmäßig und zuverlässig von Bayern nach Hause und wieder zurück brachte, ohne je Probleme gemacht zu haben.

Wir sprachen über anregende Themen, wie zum Beispiel über die Unterschiede zwischen Niedersachsen und Bayern. Manchmal schien es, als ob ich die gemischte Truppe irgendwie anzog, um denen ein Lächeln auf ihr Gesicht zu zaubern.

„Machst du Premium-Qualität, keine Esel-Qualität", rief mir mehrmals der iranisch-kurdische Kollege mit einem Grinsen im Gesicht übers Band hinweg zu. Schon wurde laut losgelacht.

„Und jetzt pack mer's. Auf geht´s!"

Unbemerkt entstanden dadurch Glücksgefühle und der Arbeitsalltag
wurde auf diese Weise versüßt und erträglicher. In einer freundschaftlichen Atmosphäre, in der auch mal gelacht wird, arbeitet man schließlich am liebsten und sichtlich produktiver als in einem gänzlich professionellen Umfeld.

Kapitel 10

Als Ausgleich zum stressigen Alltag ging ich zusammen mit meiner Freundin, die ja nun inoffiziell bei mir wohnte, mal hier und dort Billard spielen. Als wir uns zum ersten Mal in der Nähe unserer Wohnung in einer Kneipe befanden und zur Abwechslung Dartspielen wollten, war dort zur selben Zeit ein Dartsportverein zugange.

Nachdem wir unsere Getränke erhalten hatten, begannen wir mit dem Warmwerfen. An der Bar waren ein paar Kneipengänger anwesend, die sich miteinander amüsierten.

Nach einer Weile war mir, als würde ich einen Herrn an der Theke erkennen, denn er kam mir sehr bekannt vor. Dieser kam nach einer Weile in unsere Nähe, um sich die Spieler des Dartvereins näher anzuschauen. Spätestens jetzt erkannte ich ihn. Ich konnte es erst gar nicht glauben, aber es war genau der Mann aus Bayern, der mich damals zusammen mit dem neuen Kollegen vom Flughafen in Hongkong nach Shenzhen begleitete und uns hinterher noch die Gegend gezeigt hatte, weil wir zum Glück nicht am selben Tag arbeiten mussten.

Was mache ich jetzt und wie reagiere ich am besten? fragte ich mich. *Soll ich ihn einfach ignorieren und weiterspielen? Hat er mich auch erkannt?*

Ach was soll`s. Ich spreche ihn einfach an, sobald das Spiel beendet ist, dachte ich mir schlussendlich.

„Ich kenne diesen Mann", sagte ich leise zu meiner Begleiterin. „Woher?", fragte sie stutzig. „Aus China", antwortete ich kurz und knapp. „Ich werde ihn eben ansprechen. Warte bitte." Ich drehte mich kurzerhand um und stand direkt vor ihm. „Ulf, kennst du mich noch?", hörte ich mich sagen. Jetzt erst bemerkte ich, dass der Mann leicht angetrunken war. Er schaute mich lange Zeit an. Sein Gesichtsausdruck verriet mir, dass er mich zwar erkannte, aber auf Anhieb nicht konkret zuordnen konnte woher.

Nach einer langen Minute, in der ich bis zum Äußersten angespannt war, nannte ich ihm meinen Namen. Im selben Moment wurden seine Augen größer und er fiel fast vom Glauben ab. „Du bist es ja tatsächlich! Was machst du hier in Bayern und dann auch noch hier in meinem Viertel?"

Er darf zwar alles essen, aber er muss nicht gleich alles wissen, dachte ich mir in dem Moment. Daher erzählte ich nur, dass ich zu Besuch sei. Schließlich mochte ich meine Arbeitsstelle durch zu viele Fakten über mich und meine Vergangenheit nicht noch zusätzlich gefährden. Es wird viel erzählt und getratscht, wenn der Tag lang ist. Daher musste nicht jeder meine Vorgeschichte kennen. Natürlich kaufte er mir die Aussage nicht ab. *Schwamm drüber,* dachte ich mir. Er war immer noch fassungslos und aufgeregt zugleich.

„Komm", sagte er. „Ich schmeiß ´ne Runde und wir müssen reden."

„Danke Ulf, ich mag nichts trinken und außerdem möchte ich meine Begleitung nicht warten lassen", antwortete ich kurzerhand. Mein Gegenüber blieb allerdings hartnäckig und wollte mir unbedingt einen Drink spendieren und mit mir plaudern.

„Deine Begleitung wird sicherlich ein paar Minuten warten können. Zur Not geht sie solange an die frische Luft."

Meine Freundin zeigte Verständnis, was mich etwas erstaunte. Da Rauchen in öffentlichen Einrichtungen ohnehin nicht erlaubt war, ging sie hinaus.

„Dann nehme ich eine Cola", sagte ich.

Die Inhaber dieser Kneipe waren ebenfalls Türken, wie ich schon nach kurzer Zeit feststellte, weil ich hörte, wie sich die Bedienung – Mutter und Sohn - halblaut auf Türkisch unterhielten. Nun sprach Ulf den Barkeeper an und stellte mich namentlich vor.

„Übrigens haben wir zusammen in China gearbeitet", sagte er stolz. Und mit denselben großen Augen ergänzte er seine Aussage um die Tatsache, dass ich in China im Gefängnis saß.

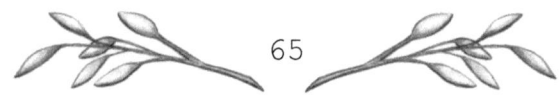

„Geht`s noch Ulf, wen interessiert das alles?", zischte ich aufgebracht.

„Ist doch nur mein Freund Mustafa", sagte er lapidar.

Ich schaute im selben Moment den Barkeeper an und bemerkte, dass seine Augen plötzlich etwas größer wurden und mich neugierig von oben bis unten musterten. Ärgerlich nippte ich an meinem Glas und stellte fest, dass es falsch war, den damaligen Kollegen angesprochen zu haben. Musste er das jetzt unbedingt erwähnen? Aber nun war es so oder so zu spät.

Gleichzeitig wurde mir bewusst, wie klein die Welt doch ist. Für einen Rückzieher war es zu spät, stattdessen bombardierte mich mein Gegenüber mit Fragen. Wie damals, als die Beamten mich mit unzähligen Fragen gequält hatten.

Warum, wieso und weshalb es zu meiner Verhaftung in China gekommen sei. „Jeder von den Kollegen hatte damals nämlich eine andere Geschichte gekannt, weshalb du ins Gefängnis gekommen bist." Zwar hatte ich überhaupt keinen Nerv auf dieses leidige Thema, aber ich wollte ihn nicht im Ungewissen lassen und so antwortete ich kurz, aber sachlich auf seine Fragen, und zwar wahrheitsgemäß. „Hast du etwa vor, hier das nächste Ding zu drehen oder bist du mittlerweile reicher an Erfahrungen und hast dazugelernt?". „Ich werde schon mein eigenes Ding drehen, glaub mir. Aber ganz gewiss kein krummes Ding", antwortete ich bestimmend. „Das war definitiv die Lehre meines Lebens."

Im Stillen dachte ich zurück an den Tag vor meiner Inhaftierung. Wir hatten uns nach Feierabend mit ein paar Kollegen getroffen und genau dieser Typ bot mir damals unterm Tisch eine selbstgedrehte Tüte an. Gott sei Dank hatte ich den Joint dankend abgelehnt. Sonst wäre spätestens bei meiner vorläufigen Festnahme auf der Polizeidienststelle der THC-Wert in meinem Blut nachgewiesen worden. Wer weiß, wie lange ich dann im Gefängnis hätte einsitzen müssen. Jedenfalls wäre ich dann so richtig „am Arsch" gewesen.

Mein Getränk war ausgetrunken und negativ geladen, wie ich mittlerweile war, stand ich auf und wollte nur noch weg von diesem Ort.

Die alten Erinnerungen waren noch zu frisch und sie wurden soeben mit großer Wucht zurück in mein Bewusstsein gerückt. „Man sieht sich tatsächlich immer ein zweites Mal im Leben. War schön, dich getroffen zu haben und erneut mit dir sprechen zu können. Lebe wohl Ulf und danke nochmal für die Cola", verabschiedete ich mich mit diesen Worten.

Es braucht definitiv Mut und viel Kraft, weiter gegen den Strom anzukämpfen. Es gibt Tage, da fühle ich mich wie ein Lachs. Ein Lachs, der seiner intuitiven Eingebung folgend für sein Ziel gegen den Strom schwimmt, sich dabei bergwärts vorwärts kämpft und alle Anstrengungen auf sich nimmt, um nicht von seinem Weg abzukommen. Ein Fisch, der das Risiko in Kauf nimmt, unter-

wegs auf seiner Reise von hungrigen, am Flussufer lauernden Bären gefressen zu werden.

Eiskalt verschluckt zu werden an einem Hindernis, an dem der Energieaufwand zum Weiterkommen am größten ist.

„Jetzt erst recht", sage ich mir immer wieder. Egal, in welcher Verfassung ich mich gerade befinde, ob ich unausgeschlafen bin oder aber schlecht gelaunt, weil ich mich zum wiederholten Mal mit meiner Freundin wegen banaler Dinge unnötig gestritten.

Kapitel 11

Die plötzliche Krise in der Automobilindustrie machte die Gesamtsituation nicht einfacher. Die ständige Angst im Nacken zu haben, dass einem jederzeit gekündigt werden könnte, erzeugte einen enormen psychischen Druck. Am Ende hieß es trotzdem: Kündigung nach achtzehn Monaten!

Wenn sich das Leben binnen Sekunden dramatisch verändert, kommt zwar zunächst das böse Erwachen und der Schock, aber auch die Erkenntnis, dass man mit gebundenen Händen wenig bewirken kann.

Als man mir das Kündigungsschreiben persönlich aushändigte, tat man dies mit der Option, dass ich bei Interesse nach drei Monaten erneut anfangen könne. Aber dieses Mal lehnte ich dankend ab, da der weitere Beschäftigungsverlauf nicht abzusehen und somit unsicher war. Denn wer wusste schon, wie lange sich die Krise in der Automobilbranche hinziehen würde.

Erschwerend kam hinzu, dass ich erst nach einigen Jahren und der endgültigen Übernahme ins Stammpersonal das Recht hätte, mich an den Standort Wolfsburg oder nach Hannover versetzen zu lassen. Nun hatte ich einfach keine Lust mehr, weiterhin mit der permanenten Angst vor Kündigung hart zu arbeiten und am Ende womöglich doch wieder ohne Job dazustehen. (Wie ich später von anderen Leiharbeitnehmern erfahren habe, arbeiten einige bereits zum dritten Mal in Folge bei dem Autobauer, und zwar mit jeweils drei Monaten Pause dazwischen).

Der Abgasskandal schlug riesige Wellen und die Kosten gingen in die Milliarden. Mein Zukunftsplan wurde somit durchkreuzt und gleichzeitig ruiniert. Am Ende war die Verzweiflung groß und mit der Kündigung in der Tasche hieß es nun: Koffer packen und zurück in die Heimat. Ade Ingolstadt, die Stadt mit dem Platz an der Sonne und der niedrigen Arbeitslosenquote.

Ich ging und der Abschied fiel mir im wahrsten Sinne des Wortes nicht leicht. Darum nahm ich mir vor, eines Tages wenigstens auf einen Besuch zurückzukommen.

Es war nicht einfach, sich das einzugestehen. Aber kaum endete das Arbeitsverhältnis, endete zeitgleich meine Beziehung und somit die Verbindung zu der Frau, mit der ich die letzten fünf Jahre verbrachte.

Dringend musste ich auf andere Gedanken kommen und gleichzeitig den Weg wieder zu mir selbst finden. Daher wünschte ich mir eine Auszeit und somit eine Urlaubsreise in die Türkei, um den Verlust besser verarbeiten zu können. Nichts wünschte ich mir weiter, als dass dieser Weg mich zurück zu meinen Wurzeln führt.

Mein Sohn protestierte, als ich ihn fragte, ob er mitkommen möchte. Die damaligen politischen Unruhen im Land schreckten ihn ab. Nur deshalb beschlossen meine Ex-Freundin und ich, wenigstens noch einmal gemeinsam Urlaub in der Türkei zu machen. Allerdings mit der Vereinbarung, dass wir uns danach für immer in Ruhe lassen und jeder seinen eigenen Weg gehen würde. Es wurde eine Reise für Trauernde. Gesagt, getan.

In der Türkei angekommen, wurde uns überall ein freundliches „Hoşgeldiniz" (Herzlich Willkommen) zugerufen und die Menschen, die wir dort trafen, bescherten uns einen schönen Aufenthalt mit wunderbaren Ausflügen, wie sie kaum ein Reiseführer zu bieten vermochte. Der herzliche Optimismus war definitiv von unschätzbarem Wert und gleichzeitig ansteckend.

Es war zwar eine neue und schöne, dennoch eine gewagte und teilweise schmerzhafte Erfahrung. Wo am Anfang noch so viel Nähe war, blieb am Ende nicht mehr als der Wunsch, es endlich zu beenden. Wir beide fühlten uns ohnmächtig, schalteten ständig zwischen Antriebslosigkeit und Antrieb hin und her. Obwohl wir eine lange, intensive Zeit miteinander hatten und gemeinsam durch dick und dünn gingen. Spätestens zu diesem Zeitpunkt waren wir an einem Punkt angelangt, an dem zu viel kaputt gegangen war, um es noch einmal reparieren zu können.

Die Tage vergingen wie im Fluge. Somit endete nicht nur der Türkei-Trip, sondern unser Kontakt zueinander gleich mit.

Wir hatten eingesehen, dass es mit uns keine gemeinsame Zukunft geben würde und beendeten die fünfjährige Beziehung schweren Herzens.

Kapitel 12

„Wenn du ein richtiger Mann wärst, dann würdest du mich gleich mit zu dir nehmen und um mich kämpfen", lauteten ihre letzten Worte an mich, als wir uns auf dem Rückweg von Ingolstadt nach Celle befanden. Häufiger Streit ist ein Alarmzeichen.

Diese ganze Tortur empfand ich in Wirklichkeit als emotionale Misshandlung. Abgesehen davon, dass ich nach meiner Rückkehr aus dem chinesischen Gefängnis alle Ratschläge ignoriert und keine psychologische Hilfe in Anspruch genommen hatte, versuchte ich stattdessen die ewig anhaltenden und unsinnigen Streitereien aus-zuhalten.

Am Ende versagten die Kraft und die Lust dennoch. Es gehört Mut und vor allem die Liebe zu sich selbst dazu, um sich von jemandem zu verabschieden.

Mit Schmerzen im Herzen hörte ich mich reden.

„Es tut mir leid, aber ich bin an meinen Grenzen ange-kommen und kann einfach nicht mehr. Danke für alles Gute, was du für mich getan hast. Der liebe Gott wird dich dafür reich beschenken und belohnen. Gib mir dei-nen Segen und lass mich leben - aber ohne dich - sonst werde ich, wenn es so weitergeht, vor die Hunde gehen. Das kann ich jedoch nicht länger mit mir und meinem

Gewissen vereinbaren, geschweige denn meiner Familie und meinem einzigen Sohn antun."

Kurzes Schweigen.

Diesmal, als es bereits zu spät war, achteten wir darauf unser Gespräch und die Aussprache so ruhig und normal wie möglich zu führen. Wir mussten uns gewaltig zusammenreißen, um nicht loszuheulen. Bevor sie aus meinem Auto ausstieg, sagte sie abschließend: „Lebe wohl und alles erdenklich Gute wünsche ich dir. Trotz allem danke ich dir ebenso für die gemeinsame Zeit. Zwar hatten wir eine Menge schlechte Zeiten, aber im Gegenzug auch viele schöne Momente. Deine lieben Eltern nehme ich im Herzen mit. Kümmere dich jederzeit gut um sie, denn das haben sie verdient. Dich werde ich jedenfalls nie im Leben vergessen."

Ich wehrte mich dagegen, sie durch den Anblick meiner Tränen zu belasten.

„Gott möge dich und deine Familie ebenso allzeit beschützen", rief ich ihr noch zu. Ohne sich noch einmal umzudrehen, ging sie. Ich wartete, bis die Tür ins Schloss fiel und heulte los. Meine Seelenfreundin ging mir damit für immer verloren.

Aus den Augen und somit aus dem Sinn? - Irrtum! Sie blieb noch sehr lange in meinen Gedanken, als ob sie mir lange Zeit auf Schritt und Tritt folgen würde.

Gedankenverloren und niedergeschlagen steuerte ich mit meinen Habseligkeiten die Wohnung meiner Eltern

an. Der Doppelschlag versetzte mir einen derben Keulenschlag. Erneut musste ich mit einem Abschied fertig werden und mir eingestehen, dass ich nicht fähig war, meine Beziehung zu halten, weil mir einfach die Kraft dazu fehlte. Eigentlich könnten wir sagen, dass der Abschied an sich nicht so sehr schmerzt wie der Gedanke daran, zurückkehren zu wollen. Denn darin liegt nicht nur unsere eigene Kraft verborgen, sondern auch unsere Würde. Trotzdem hatte sich die Liebe leider zu einem verbitterten, großen und einzigen Schmerz gewandelt und ich konnte es nicht länger ertragen. Wieder einmal hatte ich einen Job verloren, ohne selbst daran schuld zu sein. Es war wie ein langer, stummer Schrei, der mich innerlich zerriss.

Das Wiedersehen mit meinen Eltern fiel zunächst weniger euphorisch aus. Ich war kaputt und angeschlagen, natürlich auch aufgrund der langen Rückfahrt. So wünschte ich mir nichts weiter als zu schlafen, nachdem ich eine wohltuende Dusche genommen hatte.

In der Nacht folgte auf meine Einschlafphase jedoch keine Tiefschlafphase. Ernsthafte Probleme hinderten mich daran. In der Folge konnten sich Körper und Geist nicht wirklich entspannen und erholen. Mir wurde bewusst, dass es schon sehr lange her war, seit ich das letzte Mal länger im Bett gelegen und einfach nur geschlafen hatte. Meine depressive Verstimmung hatte mich im

Griff, kaum dass der nächste Tag begann. Leer und zerschlagen fühlte ich mich. Es war, als ob mein schwacher Körper mir kaum noch gehorchte. Vermutlich, weil er extrem überarbeitet und strapaziert war. Infolgedessen hatte ich aufgrund der psychischen Anspannung auch noch mit Appetitlosigkeit zu kämpfen. In meinem Kopf kreisten tausend Gedanken, die ich spätabends mit ins Bett nahm. Doch es kam noch dicker.

Meine negativen Erinnerungen entwickelten sich in den kommenden Nächten zu angsteinflößenden Alpträumen und diese belasteten mich ganz erheblich. Immer wieder schreckte ich mitten in der Nacht schweißgebadet hoch und war in einem schrecklichen Gefühl gefangen. Wieder einmal fragte ich mich, was aus meinem Leben geworden war und vor allem, was mir noch alles bevorstehen würde. Leise und still fing ich an zu beten und spürte, wie es mir half: „Lieber Gott, die letzten, langen Monate waren voller Unruhe und ich bin völlig erschöpft. So lass mich bitte heute Nacht wenigstens gut schlafen und nimm die ganz Last nach und nach von mir, Amen."

Kapitel 13

Ich hatte mir fest vorgenommen, mich nie wieder bei meiner Ex-Freundin zu melden, obwohl mich dieser Gedanke sehr traurig machte. Dasselbe erwartete und wünschte ich mir im Gegenzug auch von ihr. Wir hatten abgemacht, uns nicht mehr zu kontaktieren. Daher musste ich mich ablenken und beschäftigen, um nicht schwach zu werden.

Der Schmerz war im Moment noch zu groß und durch die Wiederaufnahme des Kontakts würden wir uns wahrscheinlich ungewollt wehtun. Davor hatte ich Angst. Du darfst niemals zulassen, dass du schwach wirst und hinter jemandem herrennst. Wenn du das doch tust, fügst du dir selbst großes Leid zu, schwächst dein Selbstwertgefühl und verleihst gleichzeitig einer gewissen Person Macht, die damit über dein Glück oder Unglück entscheidet.

Gott sei Dank wirkte sich das harmonische Dasein bei meinen lieben Eltern positiv auf mich aus und holte mich wenigstens vorübergehend zurück in die reale Welt. Erst jetzt wurde mir bewusst, wie sehr ich diese Normalität und die Einfachheit meiner Eltern, gemischt mit ihrer Herzlichkeit, vermisst hatte. Da die vielen, unnötigen Streitereien der Vergangenheit angehörte, ging es mir allmählich besser.

Mittlerweile hatte ich mich arbeitssuchend gemeldet und fing schon bald nach meiner Rückkehr aus Ingolstadt erneut an, beim „Asiamann" auf Teilzeitbasis zu arbeiten - genau wie damals kurz nach meiner Rückkehr aus China. Die Ablenkung half mir sehr und ich fühlte mich zumindest während der Arbeitszeit nicht in meinem miserablen Gefühlschaos gefangen.

Das Essen schmeckte fabelhaft und der Verdienst war im Grunde genommen eher zweitrangig. Meine Eltern erfreuten sich ebenfalls an den vom Chef höchstpersönlich zubereiteten Nudeln, die ich zum Feierabend mit nach Hause nehmen konnte.

Müde fiel ich ins Bett und spürte, dass ich allmählich runterkam. Die unschönen Erlebnisse waren trotzdem Teil meiner Gedanken – Die Zeit in Ingolstadt, die ganze negative Energie aus meiner letzten Beziehung, gemischt mit den Erinnerungen an China – und führten zu einem hin und her, zu einem Gedankenkarussell, das mich oft einfach nicht zur Ruhe kommen ließ.

Dennoch: Körper, Geist und Seele gehören zusammen und diese Gesamtheit macht den Menschen aus. Der Teufel steckt wie so oft im Detail und lenkt den Geist sowohl im Ruhezustand wie auch im aktiven Leben.

Wieder einmal kamen die seltsamsten Fragen in mir hoch:

Ist der Geist ein immaterieller Teil des Körpers, der Seele oder doch nur die Lebenskraft, der Verstand und die Vernunft? Eines

ist klar: Der Geist ist willig und wird somit manchmal in die falsche Richtung geleitet. Medizinisches Wissen ist zwar groß, dennoch bleibt vieles nicht erklärbar. Der römische Dichter Horaz sagte einmal: „Es gibt mehr Dinge im Himmel und auf Erden, als in unserer Philosophie geträumt werden."

Zur Erklärung: Das Folgende mag vielleicht für den einen oder anderen absurd klingen, aber ich wurde nun einmal so erzogen und weit und breit ist dieses Thema in türkischen Kreisen verbreitet:

Sobald ein Mensch geboren wird, heften sich zwei unsichtbare Geister auf seine Schulter. Auf seine rechte Schulter setzt sich ein „guter Geist" und auf seine linke ein „böser Geist". Vom ersten Tag an notieren diese Geister in ihre Notizbücher alle Äußerungen des betreffenden Wesens, wobei der Geist, der auf der rechten Schulter sitzt, die sogenannten „guten Äußerungen" oder „guten Taten" verzeichnet und der Geist, der auf der linken Schulter sitzt, die „schlechten." Jeder dieser Geister hält es für seine Pflicht, den Menschen zu versuchen und ihn zu zwingen, mehr solcher Äußerungen zu tun, die in seinem Bereich liegen. Der Geist auf der rechten Seite bemüht sich immer, den Menschen von solchen Handlungen abzuhalten, die zum Bereich des entgegengesetzten Geistes gehören und ihn mehr zu denen seines eigenen Bereiches anzutreiben.

Der Geist auf der linken Seite tut ganz genau dasselbe, nur alles im entgegengesetzten Sinn.

Weiter wird in dieser sonderbaren Lehre gesagt, dass diese zwei rivalisierenden Geister stets miteinander kämpfen und dass beide alles tun, um den Menschen dazu zu bringen, mehr solcher Handlungen zu verrichten, die in seinen Bereich fallen.

Jemand sagte einmal, dass wir jede Sünde, die wir begehen, zweimal begehen. Einmal in unseren Gedanken und ein zweites Mal, wenn wir unsere Gedanken in die Tat umsetzen. Es ist wichtig zu verstehen, wenn uns ein Gedanke in den Kopf kommt, dass wir basierend auf Gottes Wort bestimmen, ob wir diesen Weg weiterverfolgen sollen oder diesen Gedanken ablehnen und durch einen anderen Gedanken ersetzen sollen. Denn sündige Gedanken gibt es reichlich und die Versuchung ist groß.

Ein ruhiger Geist ist die absolute Voraussetzung für einen ruhigen und erholsamen Schlaf, aber meine Geister waren einfach zu oft im Ungleichgewicht.

Ich öffne meine verquollenen Augen.

Es ist 6.30 Uhr. Freiwillige Häftlinge gestalten wie an jedem anderen Tag das Holzpodest zu einer Laufstrecke um. Angefeuert vom Boss der Zelle, bewegen sich alle im Gleichschritt auf- und abwärts. Der circa fünfzig Quadratmeter große Raum ist viel zu klein, eng und staubig. Durch das Laufen wird der Staub, der ohnehin reichlich im Raum vorhanden ist, noch mehr aufgewirbelt und behindert so schlagartig meine Atemwege.

Die Luft wird immer dünner und die Atemwege immer dichter. Ich bekomme keine Luft mehr und glaube zu ersticken.

Wo bin ich hier? Stecke ich etwa immer noch im Gefängnis? Realität oder Illusion? Habe ich mir tatsächlich nur eingebildet, ich sei entlassen worden und somit wieder ein freier Mann?

Es folgt das Zähneputzen im Nebenraum und dieser Vorgang verläuft wieder einmal nach einer strikten Regelung.

Ich bekomme die um die Hälfte gekürzte Zahnbürste und sehe, wie ich dabei von allen anderen verachtend angegafft werde und das gleich in aller Herrgottsfrühe. Plötzlich ist alles wie ein Déjà-vu. Ich rieche den Gestank, sehe den Dreck, nur nicht die Ratten, die sich in den Wasserleitungen versteckt halten.

Ich möchte nicht weiter in Ungewissheit leben, daher zerrt dieser Gedanke schon kurze Zeit später an meinen Nerven und ich möchte hier endlich raus, bloß weg, nur weit weg von hier... Die schwüle Luft im Raum ist fast unerträglich.

Die Kopfschmerzen machen sich schon wieder bemerkbar und erneut habe ich das Gefühl, in der Menge und der Gefangenschaft zu ersticken. Um acht Uhr brüllt die Meute der Insassen fünf Minuten lang so laut es geht etwas in den Raum hinein. Daraufhin müssen wir für die nächsten eineinhalb Stunden im Schneidersitz widerwillig wie stinkende Zwiebeln auf dem Boden hocken, denn nur in dieser Position ist es gestattet, fernzusehen. Die Gelenke tun schon nach kurzer Zeit wieder weh und mein Herz schlägt wie wild. (Weitere Details zu den Absonderlichkeiten des chinesischen Gefängnisalltags können in meinem ersten Buch nachgelesen werden).

Das kann doch alles nicht wahr sein. Das kann nicht wahr sein. Nein, nein, das ist nicht wahr…

Schweißgebadet versuche ich mit dunklen Schatten um die Augen etwas zu erkennen, aber im dämmrigen Licht kann ich nicht einmal Umrisse wahrnehmen. Keine in einer Reihe eingegliederten Häftlinge, die stumm und reglos im Schneidersitz wie Zwiebeln vor sich hindösen.

Nach einer ganzen Weile registriere ich erst, dass es Gott sei Dank nur ein quälender Traum war, der sich real anfühlte. Allmählich merkte ich, wie meine Atmung langsamer und gleichmäßiger wurde.

Das nächtliche Kopfkino hat mich noch lange Zeit begleitet. Vermutlich sitzen die traumatischen Erlebnisse immer noch im Unterbewusstsein und warten darauf, freigesetzt zu werden. Der Geist und die Seele machen eben, was sie wollen.

Mir reichte es. So konnte es nicht mehr weitergehen. Nichts wünschte ich mir, als meine alten Wunden zu schließen und die aktuellen Belastungen loszuwerden.

Ich wollte meine Lebensqualität unbedingt verbessern. Daher beantragte ich bei der Krankenkasse eine psychosomatische Reha, bei der unter anderem eine Psychotherapie und physiologische Therapien angeboten wurden. Eine solche Reha dauert laut Bundesministerium für Gesundheit in der Regel drei Wochen. Zu meinem Bedauern wurde mein Antrag jedoch abgelehnt und man schlug mir stattdessen eine stationäre Krankenhausbehandlung vor. Diese Behandlungsart lehnte ich allerdings ab. Krankenhäuser mochte ich nun mal nicht. Denn dort überkommt mich stets das Gefühl, dass man nach einigen Stunden Aufenthalt erst richtig krank wird. Ob es an der Atmosphäre liegt, weiß ich nicht.

Darüber hinaus würde mich dort das Gefühl des „Eingesperrt seins" wieder einholen.

Äußerliche und innerliche Anspannungen können langfristig zu ernsthaften Krankheiten führen. Um das zu vermeiden, musste ich händeringend handeln und mir Alternativen suchen.

Schon immer war ich sportlich aktiv, wobei ich in letzter Zeit in dieser Hinsicht stark nachgelassen hatte. Also meldete ich mich nach Jahren wieder im Fitnessstudio an. Sicherlich nicht, um ausschließlich schwere Hanteln zu stemmen, sondern in erster Linie, um meine Kondition wieder auf Vordermann zu bringen.

Während meiner Schulzeit, ich war gerade mal 15 Jahre jung, sagte mir ein Mitschüler: „Du bist schön groß, und ein durchtrainierter Körper würde dir sicher gutstehen."

Kann man ja mal ausprobieren, dachte ich mir und neben dreimal wöchentlichem Training im Fußballverein, kamen dann für die nächsten sechs Monate noch regelmäßige Besuche im Fitnesscenter hinzu.

Übrigens musste ich mich nicht wirklich zum Sport überwinden - ganz im Gegenteil - ich freute mich sehr darauf. Klar musste ich bei null anfangen und mich Schritt für Schritt an die Übungen gewöhnen. Nach der ersten Woche tat mir zwar alles weh, aber es fühlte sich trotzdem gut an.

Dieser Schmerz, der nach körperlicher Anstrengung besonders bei hohen Belastungen der Muskelpartien auftritt, zeigt, dass das Blut, dieser rote Fluss des Lebens, geradewegs zum Herzen fließt. Das Herz schlägt schneller, weil es mehr Blut durch den Körper pumpen muss, denn der braucht nun zusätzlichen Sauerstoff und Energie. Die Durchblutung erhöht sich. Hunderte von Muskeln beweisen ihre Existenz – Arme, Beine, der ganze Körper, die Seele und sogar die Gedanken – müssen sich vollkommen umstellen. Keiner Faser des Körpers ist fortan Ruhe vergönnt. Außer an den Tagen, an denen ich nicht trainiere.

Kurz gesagt: Der Sport verhalf mir zu einem glücklicheren Leben. Endlich konnte ich wieder abschalten und Stress abbauen. Mein Herzkreislaufsystem wurde gestärkt, Muskeln bauten sich auf und sowohl Körper als auch Geist fühlten sich nach dem Sport einfach fitter an.

Die positiven Effekte des Trainings auf den Körper und vor allem auf die Psyche sind unbezahlbar. Erst recht, wenn man nach dem Training zum Runterfahren in die Sauna geht und sich anschließend eiskalt abduscht. Jedes Mal bildete ein Eiweißshake den Abschluss und war willkommene Belohnung für die Anstrengung.

Nach dem Sport konnte man mir meine Energie und Begeisterung förmlich ansehen.

Kapitel 14

An meinen regulär freien Tagen gehe ich in meinem Wohnort gern in mein Stammlokal. Dort treffe ich immer wieder mal Bekannte und Freunde. Das Personal kenne ich und man ist miteinander schon lange Zeit vertraut, wobei gelegentlich einige neue dazukommen und andere wiederum gehen.

Zu der Zeit, als ich noch in Ingolstadt arbeitete und am Wochenende meinem Stammlokal in der Heimat mal wieder einen Besuch abstattete, lernte ich eine junge Frau kennen, die dort im Service arbeitete. Zu jeder Zeit strahlte sie wie die Sonne. Ein sehr ansteckendes, schönes und herzhaftes Lächeln aus himmlisch blauen Augen.

Wir sahen uns zum ersten Mal im Leben, kamen gleich nett ins Gespräch und redeten über Gott und die Welt. Ein paar Wochen später sah ich sie erneut, als ich mich wieder in dem Lokal befand und ihr erzählte, dass ich an einem Buch schreibe. Sie war sichtlich davon beeindruckt und fand anscheinend nicht nur die Geschichte interessant, die dahintersteckte, sondern ebenso mich als Person, wie ich später bemerken sollte.

Irgendwann stellte ich jedoch fest, dass sie nicht mehr in der Bar arbeitete. Aber es war jetzt nicht so, dass ich sie unbedingt um jeden Preis wiedersehen wollte, zumal wir uns vielleicht nur drei- oder viermal überhaupt gesehen und miteinander gesprochen hatten. Außerdem hatte sie zur damaligen Zeit einen festen Freund und wir standen weder in den sozialen Netzwerken in Kontakt, noch hatten wir je unsere Telefonnummern ausgetauscht. Wozu auch?

Wie das Schicksal manchmal so spielt, befand ich mich kurze Zeit später erneut in dem Lokal, als sie zeitgleich ebenfalls vertreten war, um ihre ehemalige Kollegin zu besuchen. Klar freute ich mich, sie nach langer Zeit wiederzusehen. Bei der Begrüßung standen wir vor der Theke und ihre Ex-Kollegin dahinter. Sie fragte mich: „Hast du das Buch endlich fertig geschrieben und veröffentlichen lassen?"

„Wird gerade lektoriert, ist aber kurz vor dem Abschluss und die Veröffentlichung steht dann bald an", antwortete ich.

(Mittlerweile erhielt ich Hilfestellung von außen und hatte genug Informationen über das „Selbstveröffentlichen" gesammelt) Dann fiel mir wieder ein, dass ich gar keine Telefonnummer von ihr hatte, aber ich mochte sie nicht danach fragen und erst recht nicht vor ihrer Kollegin. Darum murmelte ich so etwas wie: „Wüsste auch nicht, wie du über die Veröffentlichung informiert werden könntest."

Total optimistisch sagte sie, dass sie das schon eigenständig regeln und dafür Sorge tragen würde. Kaum war sie da, ging sie schon bald darauf wieder und war ein weiteres Mal aus den Augen.

Am nächsten Tag addete sie mich ganz unverhofft über Facebook und ich nahm ihre Anfrage gerne an. Wir chatteten nur kurz und wechselten schon nach kurzer Zeit über zu WhatsApp.

Beiläufig ließ sie mich ab dem zweiten oder dritten Tag wissen, dass sie mittlerweile Single sei. Nach anfänglich einfachen Chats kam es dann sehr bald zum ersten Treffen außerhalb des Stammlokals.

Ich lud sie spontan zum Eis essen ein. Als sie mich in der Eisdiele und anschließend den von mir bestellten Eisbecher vor ihrer Nase sah, war sie mehr als zufrieden. Eigentlich fühlte ich mich innerlich angespannt und wirkte daher etwas nervös, nicht nur weil mein erstes Buch kurz vor der Veröffentlichung stand, sondern weil ich meine langjährige Beziehung noch nicht wirklich verarbeitet hatte. Dennoch tat mir ihre Anwesenheit und anschließend der gemeinsame Spaziergang ziemlich gut. Dabei entspannten wir und ließen uns von den wunderschönen Farben und Formen verzaubern.

„Schade, dass die Nacht so schnell hereinbricht", sagte ich Stunden später, bevor wir erneut Abschied nahmen.

Beim dritten Mal durfte ich sogar einen Besuch in ihrer

Wohnung abstatten. Ihre blauen Augen schauten mich bei der Begrüßung wieder liebevoll an, als sie mir die Tür öffnete. Die anschließende Umarmung tat mir sehr gut, so dass ich am liebsten für immer in dieser Position verharrt wäre.

So betrat ich zum ersten Mal ihre anschauliche, große Wohnung. Es machte Spaß mit ihr zu lachen, herumzualbern, unbeschwert zu sein und einfach mal die Sorgen zu vergessen. Ebenso anregende, lange Unterhaltungen zu führen, die schon Ewigkeiten her zu sein schienen, taten mir gut. Ihre Wärme, ihre Offenheit und ihre Herzlichkeit sprachen für sich. Sie war unbefangen und die Fröhlichkeit, die sie ausstrahlte, ansteckend.

Natürlich vertraute ich ihr persönliche Dinge an, unter anderem manche Gedankenzüge und die damit verbundenen Belastungen. Sie riet mir: „Du solltest dich deinen Problemen stellen, den Schmerz annehmen, verinnerlichen und auf dich wirken lassen. Klar, wird es wehtun, aber hinterher wirst du dich besser fühlen."

Durch Zufall erfuhr ich, dass ihre ehemaligen Nachbarn ursprünglich aus Ingolstadt kamen und nun wieder dort lebten. Den Kontakt zu ihnen pflegte sie aber nach wie vor und sie schrieben sich oft via Internet.

„Ich würde sie so gerne einmal besuchen, aber das wäre so ein großer Aufwand, mit Bus oder Bahn dahinzufahren", sagte sie irgendwann bei einem meiner nächsten Besuche. Natürlich wusste sie, dass ich dort zuletzt gearbeitet hatte, aber nicht, dass ich selbst gerne noch einmal dahin wollte. Also schlug ich vor: „Wir können gerne mit meinem Auto für ein ganzes Wochenende dorthin fahren, aber erst in ein paar Monaten. Vorher werde ich mit meinem Sohn einen ersten gemeinsamen Urlaub in der Türkei verbringen und ihn bei der Gelegenheit meinen Verwandten vorstellen."

Ihre Freude über das Angebot, einen gemeinsamen Ausflug nach Ingolstadt zu machen, war groß und darauf umarmte sie mich erneut. Ich erwiderte ihre Umarmung und hielt sie eine Zeit lang in meinen Armen. Was für eine Wärme!

Jene erste Übertretung: Meine Hand berührte ihre, ihre Hand berührte meine. Ihre Hand auf meinem Bein, meine auf ihrem. Wenn man sich zum ersten Mal absichtlich berührt, bleibt das viel eher im Gedächtnis als der erste Kuss oder das erste Mal. Es ist dieser seltene Blitz, der einen durchfährt und sich niemals wiederholen lässt. „Schön, dass es dich gibt", riefen wir beide wie aus einem Munde. Sie verzauberte mich, wenn ich ehrlich bin, schon eine ganze Weile. Nach gut zwei Stunden war es an der Zeit, nach Hause zu fahren. Zum Abschied umarmten wir uns wieder – diesmal viel länger.

Erneut besuchte ich sie an den darauffolgenden Abenden. Unsere Gespräche wurden immer intensiver und tiefgründiger. In den kommenden Tagen machten wir einen Waldspaziergang, der uns richtig guttat. Denn schon der Anblick der Natur war herrlich. Überdies wirkte dieser Spaziergang mehr als beruhigend.

Als wir später wieder in ihrer Wohnung waren, schauten wir uns einen Film an und sie schmiegte ihren Kopf an meine Schulter. Plötzlich spürte ich, wie sie ihren Arm um mich legte und ich kuschelte mich automatisch leicht an sie.

Obwohl wir uns so nahe waren, lag eine gewisse Distanz zwischen uns, die allerdings kaum spürbar war. Nach mehreren „Positionswechseln" und einigem „Hin- und her Gerutsche" saßen wir wieder auf Abstand.

Der Film lief unterdessen weiter. Aber immer wieder schauten wir uns lange in die Augen. In dieser Situation berührten sich unsere Lippen zum ersten Mal. Der lange Kuss, der folgte und ihre zarten, weichen Lippen, erfüllten mich mit einer endlosen und lustvollen Erregung. Ich ertappte mich dabei, wie ich von ihren leidenschaftlichen Küssen mitgerissen wurde, bis ich irgendwann die Kontrolle verlor. Es fiel mir anfangs dennoch schwer, mit ihr zu schlafen.

„Na und?", kommentierte sie meine Bedenken. „Nun kennen wir uns ein bisschen besser. Nun mögen wir uns ein bisschen lieber." Wo sie Recht hat, hat sie Recht. Eng umschlungen, lagen wir noch lange in ihrem Bett, ehe ich mich verabschiedete und nach Hause fuhr.

Meine „gute Freundin" gab mir höchstens das Gefühl, weniger allein zu sein und sie half mir, vielem mit weniger Angst zu begegnen. Trotzdem fühlte ich mich wohl mit ihr, mochte mich aber nicht schon wieder verrennen. In meinem Kopf kreisten seit dieser Zeit viele, positive

Gedanken und gleichzeitig bemerkte ich die unzähligen Schmetterlinge im Bauch.

Die negativen Erinnerungen waren auf einmal, wie weggeblasen und ich fühlte mich nach langer Zeit wieder happy. In den darauffolgenden Tagen kam es zu einer Aussprache, wie es denn zwischen uns weitergehen sollte. Am Ende beschlossen wir, der Mischung aus Affäre und Beziehung, umgangssprachlich auch „Freundschaft Plus" genannt, den Vorrang zu geben – zum Schutz vor möglichen Schmerzen und Enttäuschungen. So gesehen - „Sex als zwischenmenschliche Entspannungspolitik". Wir waren von Anfang an gnadenlos ehrlich zueinander. Wahrscheinlich vor allem deshalb, weil wir nicht nur den anderen, sondern auch unsere Gefühle auf Abstand halten wollten. Ansonsten wäre es falsch, sich gleich in eine neue Beziehung hineinzustürzen, ohne die vorherige, gescheiterte Beziehung vollständig verarbeitet und abgeschlossen zu haben.

Unsere Freundschaft und der damit verbundene Kontakt waren uns wichtig. Bei gemeinsamen Unternehmungen, bei denen wir stets darauf achteten, uns nicht zu nahe zu kommen, hatten wir immer ein offenes Ohr für den anderen und pushten uns gegenseitig, wenn der andere gerade einen Durchhänger hatte. Es herrschte tiefe Harmonie zwischen uns. Vieles passierte auf Gegenseitigkeit, weil wir uns vertrauten und verstanden.

Die mit der Zeit dazugekommene „sexuelle Komponente" bereicherte unsere Verbindung nur noch mehr.

Wir nahmen uns vor, diese Art der Freundschaft so lange auszuleben, bis einer von uns entweder keine Lust mehr darauf hatte, ungewollte, unterdrückte oder unschöne Gefühle entwickelte, die er langfristig nicht steuern konnte und anfing, darunter zu leiden. Oder aber bis einer von uns beiden jemand anderen kennenlernen würde.

Jeder Moment, jede Begegnung und jedes Erlebnis könnte urplötzlich der letzte Schritt auf unserem gemeinsamen Lebensweg sein. Daher kosteten wir jede Sekunde aus, wenn wir zusammen waren, um diese Momente bewusster zu erleben.

Kapitel 15

Ich wollte reinen Tisch machen und den Druck loswerden, bis mein erstes Buch dann endlich veröffentlicht werden würde.

Neben der Arbeit beim „Asiamann" musste für die erfolgreiche Veröffentlichung noch viel Organisatorisches erledigt werden. Schließlich warteten einige Leute schon sehnsüchtig auf das Buch mit dieser besonderen Story. Denn wie oft hört man schon, dass ein Deutsch-Türke in China im Gefängnis landet?

Statt mir einen Psychologen zu suchen, hatte ich nun mal diesen Weg zum Verarbeiten gewählt. Gleichzeitig sollte das Buch anderen eine Warnung sein. Nach mühsamen Wochen war es dann endlich soweit:

Die Geschichte war zu Ende lektoriert, das Cover mehr als gut gelungen und ich beschloss, das Buch selbst zu veröffentlichen, da ich keine Geduld hatte, weitere Monate auf eine mögliche Zusage von einem Verlag zu warten.

Dabei war es mir außerordentlich wichtig, dass man das Buch nicht nur online, sondern auch bundesweit bequem in jeder Buchhandlung bestellen und kaufen konnte.

Nachdem ich meine Druckdateien auf der Webseite des Verlages hochgeladen hatte, wurden diese bereits kurze Zeit später online freigegeben. Somit wurde mein Buch endlich veröffentlicht und die Anspannung war riesengroß.

Es ist der 20.Juni 2017 gegen 23.50 Uhr.

Meine neue Bekannte war es, die mich über WhatsApp darüber informierte, dass der Titel bereits im Netz zu finden sei. Kurz davor hatte ich diese wichtige Information ebenso auf Facebook gepostet. Es waren gerade mal fünf Minuten vergangen, als mein Buch veröffentlicht wurde und somit käuflich zu erwerben war. Der Beitrag explodierte förmlich in alle Richtungen und es wurde geliked, geteilt und kommentiert, obwohl es an einem Dienstag mitten in der Nacht war.

Ein Glücksgefühl überfiel mich. Erst recht, als ich kurze Zeit später ein paar Exemplare in Händen hielt. Jedes Mal verschenkte ich ein Exemplar, wenn eine regionale Zeitung, eine Zeitschrift oder ein Radiosender über mich und meine Geschichte berichteten. Somit wurde mein Kindheitstraum wahr, denn ich wollte schon immer mal ein Buch schreiben.

Der mühsame und steinige Weg lag hinter mir und eine große Last fiel von mir ab. Viel Zuspruch bekam ich von Leuten aus dem Internet und natürlich von vielen

Bekannten und Freunden. Obwohl es den einen oder anderen Neider gab, der mir den Erfolg nicht gönnte.

Aber wie heißt es noch gleich: „Erfolg ist nur halb so schön, wenn es niemanden gibt, der einen darum beneidet."

Klar gab es auch Kritik an meinem damaligen Verhalten.

Aber damit konnte ich ganz gut umgehen. Denn wenn mir diese Fähigkeit nicht gegeben wäre, hätte ich das Buch nie veröffentlichen dürfen.

Jedenfalls denke ich, dass all diejenigen, die mein Buch gelesen haben, mich nun besser verstehen. Denn ich habe darin versucht zu beschreiben, wie ich in diese miserable Situation, die mich letztendlich hinter Gitter brachte, geraten war und dass ich das Szenario abends in der Bar völlig falsch eingeschätzt und demzufolge falsch gehandelt hatte.

Die Folge waren 210 Tage Gefängnis, in denen ich zu leben lernte – fernab jeder Normalität.

Ich lernte das Hungern, geduldig zu sein, mich anzupassen und vor allem mich unterzuordnen. Somit entwickelte ich eine nie gekannte Überlebenskraft. 210 Tage, in denen ich gezwungen war, eine lange Pause mit mir selbst einzulegen und über mein Leben nachzudenken. Widerwillig musste ich lange Zeit - ob ich wollte oder nicht - auf dem harten Boden schlafen und am Folgetag meine Rückenschmerzen hinnehmen. 210 Tage, die mir wie Jahre erschienen.

Die Ungewissheit, wann ich endlich wieder freikommen würde, war dabei das Allerschlimmste.

Jedenfalls war die Freude groß und das Interesse an meinem Buch ebenso. Ich bezeichne mich seitdem trotzdem nicht als Autor und fühle mich auch nicht so.

Nie ändere ich mich in meiner Person und ich bleibe stets bodenständig.

„Respekt, dass du immer noch derselbe bist wie früher. Du hast mit deiner Geschichte über die bittere Erfahrung, die du machen musstest, viele Leser erreicht", loben mich manche. „Warum hast du überhaupt gleich ein ganzes Buch darübergeschrieben und dieses veröffentlicht, statt deine Erlebnisse für dich zu behalten?", fragen mich andere aus meinem engeren Umfeld. „Erst etwas „mopsen" und dann auch noch davon profitieren", schreien die letzten.

Selbstverständlich bin ich stolz darauf, ein Buch geschrieben zu haben. Natürlich auch darauf, dass jeder Interessierte meine Erfahrungen nun nachlesen kann. Ein Unikat für die Ewigkeit – und somit eine persönliche Geschichte nach wahrer Begebenheit.

Als Selfpublisher ist man allerdings auf sich allein gestellt – man muss sich um alle Belange, die mit einer Buchveröffentlichung verbunden sind, selbst kümmern – bis hin zum Marketing. Nach der Veröffentlichung klapperte ich zunächst die regionalen Zeitungen telefonisch ab und führte Gespräche mit den Mitarbeitern aus Redaktionen.

Wegen der krassen Story wurde mein Anliegen weitergeleitet, als ich bei der „Hannoverschen Allgemeinen Zeitung" – einer der größten überregionalen Zeitungen Deutschlands, anrief und mein Anliegen schilderte. Nach nur zwei Tagen fand zu meiner großen Freude ein einstündiges Interview bei uns im Garten statt. Ich war überrascht, wie viel Glück ich hatte. Gleich mehrere Zeitungen und einige Radiosender zeigten ebenfalls Interesse. Sogar die „Frankfurter Allgemeine Zeitung" berichtete darüber.

In meiner Jugend berichteten Zeitungen bereits über mich, als ich noch aktiv im Fußballverein war und zahlreiche Tore schoss. Jahre später gab es nun wieder Berichte über mich, diesmal allerdings über den „neuen Autor".

Unterdessen erhöhte sich mein Bekanntheitsgrad. Urplötzlich befand ich mich im Milieu der Autoren, Lektoren, Designer und Blogger.

Kurze Zeit später kamen noch Filmemacher, Regisseure und Schauspieler hinzu. Ganz abgesehen von den zahlreichen Lesern, die mich freundlicherweise mit überwiegend positiven Rezensionen auf Amazon, wo die Geschichte ebenfalls als eBook angeboten wird, bereicherten.

Die zahlreichen, netten Worte, die mich erreichten, waren wie Balsam für meine Wunden und stellten eine positive Verbindung zur Realität her.

In Zusammenarbeit mit einer angehenden Autorin, die darüber hinaus auch Rap-Musik macht, entstand ein rhythmischer Song mit markantem Sprechgesang über mein Buch. Das Musikvideo landete im Netz und dadurch wurden die Filmemacher aufmerksam und meldeten sich nach und nach bei mir. In meiner Hochstimmung dachte ich, dass es einfach genial wäre, wenn meine Geschichte auch noch verfilmt werden würde. Obwohl ich bis dato noch keine einzige Sekunde daran gedacht hatte.

Etliche Gespräche waren vonnöten, um sich mit dieser „neuen Materie" zu befassen. Mehrere Treffen fanden statt; wodurch ich einen besseren Einblick in die Produktion und Vorplanung eines Filmes bekam. Drehbücher von Filmemachern wurden mir vertraulich zugeschickt, um mich einzulesen und so den Unterschied zwischen einem Printbuch und einem Drehbuch zu erfahren. Nur so konnte ich tatsächlich feststellen, dass das wie zwei verschiedene Paar Schuhe sind. Ein Buch ist für einen Leser geschrieben, damit man es bei Interesse im Laden kaufen kann. Man könnte denken, bei einem Drehbuch sei das genauso. Tatsächlich sind Drehbücher das genaue Gegenteil, nämlich trocken und langweilig – fast wie ein Sachbuch.

Dennoch war der Gedanke an einer Verfilmung ziemlich aufregend. Erst recht, als darüber gesprochen wurde, dass - sofern mögliche Sponsoren und Gelder für das

Projekt gefunden werden könnten - mein Sohn, aufgrund der großen Ähnlichkeit mit mir, meine eigene Kindheit in dem Film spielen könnte. Zwar setzte ich keine allzu großen Hoffnungen darauf, dass die Geschichte tatsächlich je verfilmt werden würde.

Trotzdem sagte ich mir, falls es doch so kommen sollte, dann sollte es so sein. Einige Filmemacher rieten mir, mich im Kulturbüro Hannover zu melden, welches Filmprojekte unterstützt und über die Möglichkeiten der Finanzierung berät. Im Nachhinein erfuhr ich allerdings, dass ich hierfür eine Produktionsfirma bräuchte, die sich nicht nur für meine Geschichte interessierte, sondern auch vorweisen müsste, bereits einen erfolgreichen Film gedreht zu haben.

Weil das leider nicht der Fall war, *war der Traum somit geplatzt. Aber vielleicht wird ja eines Tages doch jemand auf mich und meine Geschichte aufmerksam. Eine Produktionsfirma, die die Voraussetzungen für eine Verfilmung erfüllt und über die entsprechenden finanziellen Mittel verfügt. Wer weiß, was die Zukunft mit sich bringen wird.*

Denn wie heißt es so schön: „Manchmal steckt das Leben doch voller Überraschungen."

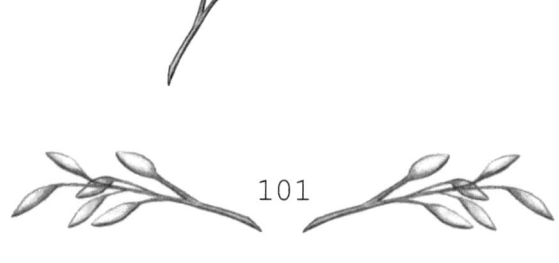

Kapitel 16

Zwei Wochen nach der Veröffentlichung meines Buches stand der erste gemeinsame Urlaub mit meinem Sohn an. Wir beide freuten uns sehr darauf und wussten schon vorher, dass dieser Urlaub definitiv eine Bereicherung werden würde.

Da die Mutter meines Sohnes das alleinige Sorgerecht hat, schrieb sie einen Dreizeiler und gab damit ihre offizielle Einwilligung, dass ich mit ihm in die Türkei reisen durfte. Um ganz sicher zu gehen, wurde das Schreiben ins Türkische übersetzt. Diesbezüglich hatten wir weder bei der Einreise noch beim Rückflug Probleme.

Trotz des Putschversuchs im Jahr 2016, war ich dennoch zuversichtlich, dass das allgemeine Risiko gering sein würde.

Bei unserem Urlaub handelte es sich nicht um einen klassischen Badeurlaub mit Hin- und Rückflug und einem All-Inklusive-Paket. Im Vorfeld buchte ich den Hin- und Rückflug sowie einen Inlandsflug. Vor Ort wollte ich für unsere Unterkunft extra bezahlen. Mein Sohn (zu der Zeit 13 Jahre jung) war vor der Abreise ziemlich aufgedreht und ein wenig nervös. Er war nie zuvor geflogen und hatte vermutlich Angst vor dem Unbekannten. Ich beruhigte ihn und versprach, dass die drei Stunden bis zur Landung schnell vergehen würden. Dann war es soweit und wir kamen am Flughafengebäude an. Später im Flieger hatten wir Gesellschaft durch einen weiteren, jüngeren Passagier, nachdem wir unsere Plätze eingenommen hatten. Wir redeten und lachten, schauten Filme und gelegentlich auch mal aus dem Fenster. Kaum gestartet, verging die Zeit schneller als gedacht und wir landeten wohlbehalten und gutgelaunt in Antalya, wo uns Sonnenschein ohne Ende erwartete.

Die Stadt im Süden der Türkei gilt als Tor zur Mittelmeerküste, welche aufgrund ihres blauen Wassers auch „Türkisküste" genannt wird. Ein wenig stolz war ich schon, dass ich ihm das Land zeigen konnte, in dem wir unsere Wurzeln haben. Die Einreise verlief unauffällig. Passkontrolle und Gepäckausgabe gingen schnell, so dass wir bereits vierzig Minuten nach der Landung in Antalya zur Bushaltestelle gingen und dort auf den Bus warteten, der in die umliegenden Viertel fuhr. Ich wollte mit ihm in die Kreisstadt Muratpaşa, wo ich vor ein paar Jahren schon einmal gewesen bin.

Mein Cousin arbeitete früher als Rezeptionist in der Hotelbranche und so kam es, dass er fast jedes Jahr in einer anderen Stadt in der Türkei arbeitete. Durch ihn

bekam ich immer einen extra Rabatt für mein Hotelzimmer und lernte so zum Beispiel Bodrum mit seinen
zahlreichen, weißen Kalksteinhäusern und Kappadokien
mit der eigenwilligen Felsenwelt kennen. Als ich vor einigen Jahren zur Sommerzeit erfuhr, dass er gerade in
Antalya arbeitete, buchte ich sogleich einen Flug in die
Stadt am Mittelmeer. Geplant war, dass er mich am
Flughafen abholen würde. Leider verpasste ich den Flieger und war gezwungen, das nächste Flugzeug zu nehmen. Allerdings erst drei Stunden später. „Was soll's",
meinte mein Cousin. „Sobald du deinen Koffer hast,
sagst du dem Taxifahrer, er soll dich zum günstigsten
Hotel fahren." Ich befolgte seinen Rat.

Der Taxifahrer hielt später vor einer kleinen Pension.
In der Abenddämmerung ging ich in das Gebäude und
wurde freundlich begrüßt. Ich fragte nach den Unter-
kunftskosten und war ziemlich überrascht bezüglich des
niedrigen Preises pro Nacht. Gerade einmal fünf Euro
sollte das Zimmer kosten, allerdings ohne Verpflegung.
Nachdem meine Personalien sorgfältig notiert worden
waren, fragte ich mich, was für ein Zimmer mich wohl
erwarten würde.

Überrascht war ich dann doch: Es war sehr sauber, das
Bett bequem, Klimaanlage sowie Fernseher waren vor-
handen und sogar einen Balkon hatte ich zur Verfügung.
Ich richtete mich ein und ging kurze Zeit später schlafen.

In einer kleinen Grünanlage in unmittelbarer Nähe der

Pension, stand nur wenige hundert Meter entfernt die Moschee „Murat Paşa Camii".

In den frühen Morgenstunden wurde ich durch den Ruf des Muezzins geweckt. Der Gebetsruf ging mir unter die Haut und tat mir im Halbschlaf unglaublich gut.

Nach einer Weile erwachte ich vollends, erhob mich und trat auf den Balkon. Ich schaute von dort auf die regen Menschenmassen in den Straßen. Buntes Treiben mit viel Trubel, was mich überhaupt nicht störte - ganz im Gegenteil. Noch bevor ich hinausging, sprang ich unter die Dusche - unter dieses Wasser - das nie ganz kalt wurde. Später erfuhr ich von dem Rezeptionisten, dass ich drei Häuser weiter gegen kleines Geld gut und hochwertig frühstücken könne.

Danach erkundete ich die Gegend und war bereits nach kurzer Zeit ziemlich beeindruckt. Die Sonne schien und die Menschen strahlten ebenfalls. Die lange Straße, in der ich mich befand, war reich umgeben von kleinen Einkaufsläden und einladenden Cafés zur Erholung. Die vielen Palmen, die überall an der Straße wuchsen, vermittelten zusätzliche Urlaubsgefühle.

Mit dem Bus fuhr ich nun Jahre später zusammen mit meinem Sohn und unseren Koffern in dasselbe Viertel, in dieselbe kleine Pension von damals. Der nette ältere Herr an der Rezeption erkannte mich sofort und ich stellte ihm meinen Sohn vor. Er schaute ein wenig irritiert wegen der unterschiedlichen Nachnamen. Gleich im

Voraus zahlte ich für uns beide. Da wir ohnehin nonstop unterwegs sein würden, war es uns freigestellt, wo wir spontan zum Essen gehen würden. Zumal man an heißen Tagen sowieso keinen großen Appetit entwickelt.

Zufrieden betraten wir unser Zimmer und jeder machte es sich erst einmal probehalber auf dem Bett gemütlich. Die Augen meines Sohnes leuchteten und umso mehr er strahlte, desto glücklicher machte es mich.

Am nächsten Morgen checkten wir nach dem Duschen zunächst unsere Mails, denn hier gab es freies Wlan. Zum Frühstück gingen wir nach draußen. Später packten wir unsere Badesachen ein, besorgten uns noch schnell kalte Getränke und fuhren mit dem Bus zum Konyaaltı - Beach. Allein die Fahrt quer durch Antalya war abenteuerlich. Überall herrschte reges Treiben, alles war kunterbunt und der Anblick des Meeres gigantisch. Der Strand befindet sich im Westen der Stadt und erstreckt sich über sieben Kilometer von den Klippen unterhalb der Stadt Antalya bis hin zu den Beydağları-Bergen.

Alles war angenehm: die Sonne - der pure Wahnsinn und die Duschen am Strand sehr erfrischend. Nur wenige Besucher waren zu dieser Zeit am Strand und so fühlten wir uns nicht eingeengt. Der Blick von hier aus war einmalig schön: Links die Hochhäuser der Millionenstadt, in der Mitte das azurblaue Meer und rechts die gewaltige Kulisse des Taurusgebirges. Wir cremten uns ein und spürten schon nach kurzer Zeit die wohltuende

Wirkung des Sonnenlichts auf unserer Haut. In regelmä-
ßigen Abständen gingen wir eine Runde schwimmen, um
uns abzukühlen.

Schon bald darauf lernten wir andere Leute kennen
und kamen mit ihnen ins Gespräch. Gegen Spätnachmit-
tag fuhren wir zurück in unser Viertel, schwitzten ungewollt weiter, duschten in der Pension und begaben uns
auf die Suche nach einem Restaurant.

*Die kulinarische Vielfalt der türkischen Küche kann es mit je-
dem anderen mediterranen Land aufnehmen: Sie ist auch für Mit-
teleuropäer gut verträglich und selten übermäßig gewürzt. Die Türken erwarten von einem Gericht, dass es nach der Hauptzutat
schmeckt und nicht von Soßen oder Gewürzen überdeckt wird.
Lamm und Rind werden darum meist gegrillt oder am Spieß spar-
sam gewürzt serviert. Dazu gibt es Salat, Reis und Bulgur (grob
geschroteter Weizen). Außer der Fastfood-Variante mit den dünn
geschnittenen Döner-Scheiben im Brot, gibt es Dutzende andere
Zubereitungsmöglichkeiten für Fleisch.*

Unser Tisch war jedenfalls immer reich gedeckt und
nach dem Essen waren wir beide jedes Mal mehr als zufrieden. Wir zogen durch die Einkaufspassagen und irgendwann ignorierten wir die Schwüle, die einen ständig
unter die Dusche trieb.

Viele Menschen aus aller Welt waren auf den kunter-
bunten Straßen Antalyas unterwegs.

Der antike Hafen mit der Altstadt ist Anziehungspunkt für viele Touristen. Er bietet einen beschaulichen und malerischen Anblick, sowohl bei Tag als auch bei Nacht. Zahlreiche Kneipen und Restaurants entlang des Hafens bieten dem Urlauber die Möglichkeit zur Ruhe und Entspannung.

Am zweiten Tag besorgten wir uns jeweils eine Angelausrüstung und gingen in den Abendstunden am Hafen zum Angeln. Zu unserer großen Freude klappte es sogar mit dem Fische fangen.

Wir waren sehr erfolgreich. Die Fische bissen an, einer nach dem anderen und schon bald hatte mein Sohn den allerersten Fisch seines Lebens gefangen.

Einige Katzen beobachteten unser Tun und hofften, von der Beute etwas erhaschen zu können. Nach gut einer Stunde hatten wir fünf handgroße Fische gefangen, so dass sich ein paar Katzen über einen leckeren Happen freuen konnten. Diesen Zeitvertreib wiederholten wir in den nächsten Tagen und es folgten unbeschwerte Urlaubstage mit viel Abwechslung. Auch eine einstündige Bootstour wollten wir in den nächsten Tagen unternehmen. Dieses einmalige Erlebnis ist nahezu unbezahlbar und in Wirklichkeit sehr preiswert.

Wir genossen jeden Moment!

Vor unserer Weiterreise wollten wir noch ausgiebig einkaufen, denn natürlich macht Shoppen im Urlaub besonders viel Spaß. Man ist entspannt und hat Zeit zu bummeln. So begaben wir uns auf Schnäppchenjagd, denn die Türkei gilt nicht umsonst als Einkaufsparadies. Viele Produkte werden im Land gefertigt und sind daher wesentlich günstiger als bei uns in Deutschland. Ob Plagiat oder nicht, wir wollten uns ein paar schicke Klamotten kaufen. Baumwollartikel bekommt man allemal in guter Qualität.

Nach traumhaft schönen zehn Tagen in Antalya waren wir rundum zufrieden, gut erholt und knackig braun. Antalya hatte uns einen tollen Start in den Urlaub beschert. Vor dem Abflug war mein Sohn diesmal entspannter.

Der Inlandsausflug brachte uns ins Landesinnere nach Ankara. Insgesamt planten wir, eine gute Woche in der Hauptstadt zu bleiben. Denn wir wollten meinen Cousin und dessen Frau, seine Eltern und seine beiden Geschwister besuchen. Nach nur einer knappen Stunde Flug landeten wir in Ankara, wo mein Cousin uns am Flughafen abholte. Wir wurden schon erwartet und die Freude über das Zusammentreffen war riesengroß.

Die Verwandtschaft väterlicherseits und mein Sohn lernten sich endlich kennen.

Wir befanden uns abseits vom Touristengebiet in Ankara, in der weltoffenen Hauptstadt der Türkei, die sich in etwa in der Mitte des Landes befindet. In den nächsten Tagen erkundeten wir das Stadtzentrum und die umliegenden Viertel, gingen in den Jugendpark (Gençlik Parkı) und an das Grabmal (Anıtkabir) des türkischen Staatsgründers Mustafa Kemal Atatürk.

In Ankara schmeckte das Essen ebenfalls köstlich und die herzliche Atmosphäre war überall spürbar. Noch vor unserer Abreise wurde ich via Facebook von einer türkischen Frau angeschrieben, die mich auf mein Buch ansprach. Sie arbeitete im türkischen Konsulat und beherrschte sowohl die deutsche als auch die türkische Sprache sehr gut. Unter anderem sprachen wir über das Thema Übersetzung vom Deutschen ins Türkische.

„Ich weiß ja nicht, wie lange du in der Türkei bleiben wirst. Gern könnten wir uns persönlich darüber unterhalten, auch über die Kosten", schrieb sie mir. Übrigens würde ich mich über ein Buch von dir sehr freuen." Zusammen mit meinem Sohn und einem Exemplar in der Hand, traf ich diese Dame in einem McDonald´s-Restaurant. Nach der netten Begrüßung bestellten wir uns kalte Getränke. Ich überreichte ihr das Buch, das sie freudestrahlend entgegennahm. „Wie lange seid ihr schon in der Türkei und wann werdet ihr wieder zurückfliegen?", wollte sie wissen. „Wir sind bereits seit zwei Wochen hier und in gut einer Woche geht es leider schon wieder zurück", antwortete ich. „Dann werde ich die Woche nutzen und das Buch lesen. Es wäre schön, wenn wir uns bis dahin noch einmal hier treffen und reden könnten."

„Das kriegen wir hin", versprach ich, bevor wir uns wieder verabschiedeten.

Auch diese Woche voller Harmonie verging viel zu schnell in Ankara. Wir verabschiedeten uns von allen Verwandten und bedankten uns für die Gastfreundlichkeit. Nun sollte uns ein Bus nach Çorum bringen, an den Geburtsort sowie zum Elternhaus meiner Eltern. Die Busreise von etwa drei Stunden war ein Genuss - wunderschöne Naturlandschaften und eindrucksvolle Sehenswürdigkeiten auf vielen Kilometern. An der Hauptstraße stiegen wir aus und unsere Rollkoffer hinter uns herziehend, erreichten wir das Haus meiner Eltern, die sich zu dieser Zeit allerdings in Deutschland befanden.

Das Dorf mit seiner frischen Luft war etwas abgelegen, so dass man hier auf ein Auto angewiesen war. Immerhin fuhr drei- oder viermal am Tag ein Bus in die nahegelegene, kleine Stadt. Menschen mittleren Alters waren mit ihren Familien in die Großstädte ausgewandert, um einer Arbeit nachzugehen und um dort ein besseres Leben führen zu können. Zurückgeblieben war hauptsächlich die ältere Generation. Es sei denn, die Familie hatte genügend Land und Gut und konnte einigermaßen davon leben. Einige meiner Verwandten lebten hier sowie in den umliegenden Dörfern.

Mein Lieblingscousin kam uns am nächsten Tag besuchen und fuhr mit uns zum Einkaufen. Anschließend besuchten wir seine große Familie. Jeder freute sich auf uns und erst recht darüber, meinen Sohn zum ersten Mal zu sehen.

Der ältere Bruder meiner Mutter hat acht Kinder und ich habe dementsprechend viele Cousins und Cousinen. Langweilig würde es jedenfalls nicht werden.

In der Türkei haben in den letzten Jahrhunderten sehr viele Völker gelebt und dementsprechend ihre Spuren hinterlassen. Unter anderem auch ihre reichen Grabbeigaben. Seit 1869 ist das private Graben nach Kulturgütern allerdings verboten. Trotzdem gibt es in der Türkei aktuell viele illegale Schatzsucher, die sich darauf spezialisiert haben, mit Metalldetektoren zu suchen und geheime Grabungen durchzuführen, um mit etwas Glück ans schnelle Geld zu kommen. Sogar meine Eltern kannten den einen oder anderen armen Bauern persönlich, der zufällig beim Arbeiten auf seinem Acker auf Unmengen wertvoller Goldmünzen gestoßen war und diese auf dem Schwarzmarkt illegal verkauft hatte. Wurde man jedoch dabei erwischt, drohte ohne Gnade eine Haftstrafe und man musste für mindestens zwei Jahre hinter Gitter.

Die gefürchteten Gegner der Pharaonen waren vor geraumer Zeit die Hethiter. Im heutigen Zentralanatolien entstand um 1600 das Großreich der Hethiter, welches sich über die Jahre hinweg über das gesamte Anatolien bis nach Syrien sowie Babylon erstreckte. Somit waren sie die dritte Großmacht des Alten Orients. Deren damalige Hauptstadt liegt keine dreißig Kilometer von dem Dorf entfernt, in dem einst meine Eltern aufgewachsen sind. Der Ort heißt Boğazkale und liegt in einer atemberaubenden Felsenkulisse auf eintausend Metern Höhe.

In den darauffolgenden Tagen fuhren wir mit einigen Verwandten in die ehemalige Hauptstadt des Hethiter-Reiches Hattuscha. Das berühmte Felsheiligtum Yazılıkaya faszinierte uns alle und zeigte eine lange, zurückliegende Prozession der Götter. Sowie die weitläufigen Ruinen der Tempel, der Paläste und die Vielzahl der Verteidigungssysteme fesselten uns.

Einen ganzen Tag verbrachten wir dort und schossen jede Menge Erinnerungsfotos.

In den kommenden Tagen wollte ich meinem Sohn die nächstgrößere Stadt zeigen.

Çorum zeichnet sich durch seine ideale Lage zwischen dem Schwarzen Meer und Zentralanatolien aus und liegt etwa siebzig Kilometer vom Dorf meiner Eltern entfernt. Wahrscheinlich wurde mein Interesse für Archäologie gerade in dieser Gegend und besonders in dieser Stadt geweckt. In Çorum und der Umgebung können Beweise der ersten Zivilisation entdeckt werden. Heute gilt es als erwiesen, dass in dieser Region die verschiedensten Zivilisationen gelebt haben.

Das Besondere an Çorum mit seinen vielen Ausgrabungen ist das Alter dieser Region. Viele der Funde stammen aus dem 3. bis

7. Jahrtausend v. Chr. Die Ausgrabungsstätten sind der Haupt-grund, weshalb Çorum heute viele Touristen anzieht.

Wir schauten uns die schöne, saubere Stadt an und gingen am westlichen Ortseingang ins Archäologische Museum. Hier können zahlreiche Funde aus den nahege-legenen hethitischen Städten, darunter der Hauptstadt Hattuscha und vor allem Alacahöyük, bewundert wer-den. Sie sind wunderschön und irgendwie magisch zu-gleich.

Anschließend benötigten wir ein oder zwei Tage, um uns von den permanenten Unternehmungen zu erholen, was uns natürlich ebenfalls guttat. Daher verschoben wir erstmal jede weitere Aktivität. Am letzten Abend kam mein Cousin mit seinen beiden Söhnen zu uns und wir grillten zum Abschluss, machten in gemütlicher Runde ein Lagerfeuer und beobachteten die Sterne am Nacht-himmel.

Ich fragte mich, wie lange es wohl her war, seit ich mir am Nachthimmel die Sterne angeschaut hatte. Die Erin-nerung kam im nächsten Moment: Es war, als ich vorm Zubettgehen die Fertigsuppen im Gefängnis in China aß und mich dabei fühlte wie ein freier Vogel im Käfig, der am liebsten auf der Stelle wegfliegen würde.

Es folgte der letzte Tag, es war an der Zeit aufzubre-chen. Wir freuten uns erneut auf die Hauptstadt Ankara, in der wir ein letztes Mal übernachten wollten und am Abreisetag von meinem Cousin zum Flughafen gefahren werden sollten.

So verabschiedeten wir uns liebevoll von den hier lebenden Verwandten, bevor wir das Dorf verließen.

Mit dem Bus fuhren wir nach Ankara. Während sich mein Sohn einen Film anschaute, betrachtete ich auf meinem Handy die vielen Bilder, die ich in den vergangenen Wochen gemacht hatte und kam zu der Erkenntnis, was für eine wundervolle Sache es doch war, die vielen positiven Eindrücke auf Bildern festhalten zu können.

Unterwegs machte der Bus eine dreißig minütige Pause an einem Rastplatz und gleich daneben befand sich eine Gaststätte. Dort ließen wir uns nieder. Nicht nur wir, sondern auch einige der Mitreisenden gerieten zu Recht ins Schwärmen über die vielfältigen Köstlichkeiten des kleinen Restaurants.

Gesundes und frisches Essen war liebevoll angerichtet und lecker gewürzt. Die köstlichen Pasteten und Desserts waren auf jeden Fall eine Sünde wert.

Nach einer entsprechenden Stärkung setzten wir unsere Fahrt fort.

Wieder in der Hauptstadt angekommen, fuhren wir in die Wohnung meines Cousins.

Wir verbrachten einen gemütlichen Abend mit netten Menschen. Am nächsten Morgen gab es ein letztes, köstliches Omelett zum Frühstück. Der Flieger startete erst gegen Abend, daher trafen wir uns auf den letzten Drücker noch mit der Frau, die mein Buch übersetzen wollte. Überpünktlich waren wir da, sie hingegen kam zehn Minuten zu spät, was ich ihr aber nicht übelnahm.

Sie begrüßte mich mit den Worten: „Eine außerordentlich krasse Geschichte, die unter die Haut geht. Sehr authentisch geschrieben übrigens, so dass mich einige Passagen sogar zum Weinen gebracht haben." Ich bedankte mich und wollte ohne Umschweife auf den Punkt kommen. Daher fragte ich sie nach ihrer Preisvorstellung für eine Übersetzung. Sie antwortete: „Ich werde garantiert drei Monate zum Übersetzen brauchen. Fünftausend Euro hätte ich gerne."

Widerwillig musste ich schlucken und ich hörte mich reden.

„Niemals kann und werde ich so viel Geld dafür zahlen", antwortete ich prompt. Kurzes Schweigen war die Folge. Dann zögerte sie und meinte, dass sie wenigstens die Hälfte vom genannten Preis haben müsste. Aber nicht einmal dazu war ich bereit. Zumal ich nicht einmal wusste, ob ich das Geld je wieder einnehmen würde. So bedankte ich mich im Anschluss und wir verabschiedeten uns schon wieder, denn wir standen unter Zeitdruck.

Ein weiteres Treffen hat es seitdem nie mehr gegeben.

Trotzdem bin ich mir ziemlich sicher, dass viele türkische Leute, die der deutschen Sprache nicht mächtig sind, ebenfalls Interesse an meiner Geschichte hätten.

Wieder Zuhause bei meinem Cousin angekommen, tranken wir Çay, (türkischer Tee), ließen uns von allen nochmal herzlich umarmen, nahmen unsere Koffer und brachen auf Richtung Flughafen. Es war an der Zeit, die Türkei zu verlassen.

Die drei Wochen mit meinem Sohn waren jedenfalls sehr schön, aufregend und abwechslungsreich. Wir hatten sehr viel Zeit zusammen verbracht und eine Menge Spaß. Unsere Vater-Sohn-Beziehung wurde intensiviert und seine türkischen Sprachkenntnisse verbessert. Dazu konnte er viele neue Erfahrungen machen. Beseelt von bereichernden Begegnungen und wunderschönen Erlebnissen, stiegen wir ins Flugzeug. Diesmal hatte mein Sohn keine Angst mehr vorm Fliegen, denn dies war nun sein dritter Flug. Der Service am Bord war zufriedenstellend, der Pilot machte seine Arbeit mehr als gut und wir landeten schon bald in Hannover.

Die sanfte Landung auf dem heimatlichen Flughafen ließ mein Herz erblühen.

„Danke lieber Gott" betete ich. „Danke, dass wir heil hin- und wieder heil zurückkommen konnten."

Nachdem wir unsere Koffer erhielten und das Flugha-fengebäude verließen, besorgte ich Zugtickets und über Hannover Hauptbahnhof ging es auf direktem Weg nach Hause. Müde, aber glücklich kamen wir nach drei Wo-chen aus dem Vater-Sohn-Urlaub braungebrannt zurück und wurden von meinen Eltern herzlich begrüßt. Wir fielen uns lachend in die Arme und nahmen uns vor, das nächste Mal gemeinsam Urlaub zu machen und das am besten in einem richtigen Familienhotel

Kapitel 17

Kaum war ich gut erholt aus dem Urlaub zurück, war ich nur kurze Zeit später schon wieder mittendrin im Alltag.

Bevor ich meine Arbeit beim Lieferservice aufnahm, ließ ich mich hier und da bei einigen Freunden blicken. Natürlich ebenso bei meiner guten Freundin, die ich mittlerweile sehr vermisst hatte. Freudestrahlend empfing sie mich noch vor ihrer Haustür und umarmte mich voller Herzlichkeit. Ich fühlte mich geborgen und geliebt. Beim Kaffeetrinken fragte sie mich nach meinem Urlaub.

„Es war sehr schön und alle waren freundlich und zuvorkommend", antwortete ich. „Du hast mir oft gefehlt", entgegnete sie. „Schön, dass du wieder zurück bist." Ein Verlangen, sie mit meinen Lippen zu berühren, überkam mich. Ich beugte mich zu ihr, streichelte mit meiner Hand ihren Hals entlang und hielt ihr Gesicht in meinen Händen, um sie sachte auf den Mund zu küssen. Sie reckte ihren Kopf ein wenig nach vorne und erwiderte den Kuss zärtlich.

„Schön, dass es dich gibt", kam diesmal von mir. Wir sahen uns in die Augen, unsere Lippen berührten sich erneut - erst zaghaft, dann immer leidenschaftlicher. Das Feuer der Leidenschaft brach schlagartig über uns aus und zog uns in die reißende Brandung der Begierde. Immer wenn wir uns in den folgenden Tagen wiedersahen, fielen wir übereinander her wie wilde Tiere. Die Lust hatte uns gepackt und ließ uns nicht mehr los.

Das Arbeiten im „Imbiss" brachte richtig Schwung in mein Leben und dadurch heilten meine alten Wunden allmählich ab.

Nicht nur die Kasse wurde aufgebessert, auch das Gratisessen schmeckte fantastisch. Ein Mann ein Wort und so schlug ich bald meiner guten Freundin vor: „Lass mich die kommenden drei Wochen arbeiten, dann werde ich dem Chef sagen, dass ich das darauffolgende Wochenende freihaben möchte. Er wird schon nichts dagegen haben, wenn ich ihm früh genug Bescheid gebe. So können wir endlich zusammen nach Ingolstadt fahren." Ihre Glücksgefühle konnte man an ihren leuchtenden Augen ablesen.

Voller Elan stürzte ich mich wieder ins Arbeitsleben, ohne jedoch meine lieben Eltern und meinen Sohn zeitlich zu vernachlässigen. Die Tage und Wochen vergingen, wie im Flug und wir freuten uns auf unsere Wochenendreise nach Ingolstadt. Unser Plan sah vor, dass sie zwei Nächte bei ihren damaligen Nachbarn verbringen und ich mir hingegen aus Platzgründen allein ein Hotelzimmer nehmen würde.

Obwohl ich nach wie vor ungern lange Strecken fuhr, machte es mir dieses Mal richtig Spaß. Mit nur einer kurzen Zwischenpause erreichten wir nach gut sechs Stunden die Stadt. Sofort fühlte ich mich wieder heimisch und hätte meiner guten Freundin am liebsten meinem Impuls folgend sofort alle Ecken der Stadt gezeigt.

In einer Bar, die ich früher oft besucht hatte, machten wir Halt und bestellten uns einen Kaffee, um erst einmal in Ruhe anzukommen. Die weibliche Bedienung dort erkannte mich sofort wieder und nach einem kurzen Austausch der üblichen Begrüßungsfloskeln, brachte sie uns zwei Tassen. Das Koffein hielt uns wach, ein leichtes Hungergefühl überkam mich allerdings. Ich nahm meine Freundin an die Hand und führte sie ein paar Häuser weiter in ein türkisches Restaurant. „Kennst du Lahmacun?", wollte ich wissen.

„Hab ich zwar schon einmal gehört, aber was genau ist das?", lautete ihre Gegenfrage.

„Das ist eine türkische Pizza. Lahmacun ist ein Fladenbrot aus Hefeteig, das vor dem Backen dünn mit einer würzigen Mischung aus Hackfleisch, Zwiebeln und Tomaten bestrichen wird. Dazu gibt es leckeren Salat", erklärte ich und bestellte gleich zwei Portionen.

Zufrieden und satt verließen wir später das Restaurant und fuhren weiter zu den Bekannten meiner Freundin.

Sie freuten sich außerordentlich über den Besuch und es gab natürlich jede Menge zu erzählen. Nach gut zwei

Stunden verabschiedete ich mich vorerst, um in unmittelbarer Nähe in meinem Hotel einzuchecken. Wir vereinbarten, dass ich am nächsten Tag wiederkommen und sie gegen Mittag abholen würde.

Das Hotelzimmer hatte ich schon vorab reserviert und zu meiner großen Freude war es ziemlich groß und modern eingerichtet. Als ich dann später auf meinem Bett lag, kamen alte Erinnerungen in mir hoch - als ich hier tagein, tagaus - ohne auch nur einen einzigen Fehltag gearbeitet hatte.

Ich wunderte mich darüber, wie schnell ich mich daran gewöhnt hatte, wie schnell diese Stadt mein neues Zuhause geworden war und dass es schon sehr bald selbstverständlich wurde, jeden Tag gerne und viel zu arbeiten.

Kennt ihr das auch? Bei jeder Veränderung kommen zunächst Bedenken. Man fragt sich, ist es richtig und schaffe ich das überhaupt? Und dann, nach kurzer Zeit schon fühlt es sich an, als hätte man nie etwas anderes gemacht. Der Mensch ist eben ein Gewohnheitstier: Es gab Zeiten, in denen die Menschen ohne Uhren zurechtkamen. Es gab eine Zeit, in der die Menschen ohne fließendes Wasser zurechtkamen, ohne Strom, ohne Telefone, ohne Handys, ohne Computer und sogar ohne Autos. Wir leben von und mit der Gewohnheit. In nichts sind wir so gut wie im Gewöhnen. Wir gewöhnen uns daran, ständig arbeiten zu gehen. Andere hingegen gewöhnen sich daran, arbeitslos zu sein und zu Hause zu

bleiben. Manchen Menschen wird die Liebe zur Gewohnheit, ande-
ren hingegen das Singleleben. Die Routine könnte schuld daran
sein, dass wir Menschen an unser Umfeld gekettet werden, wodurch
wir zu weniger spontanen Wesen werden. Macht nicht das, was ein
Kind mit einer Murmel macht: Wenn es sie hat, interessiert es sich
nicht mehr für sie und wenn es sie verliert, weint es.

Gut erholt und guter Stimmung fühlte ich mich am nächsten Morgen und freute mich aufs Frühstück. Neben der Angebotsvielfalt wurde hier im Hotel großen Wert auf die optische Präsentation der Speisen gelegt, denn das Auge isst ja bekanntlich mit.

Die verschiedenen Kaffee- und Teespezialitäten, die Eierprodukte sowie zahlreiche andere Bio-Produkte waren sehr schmackhaft und sättigend. Guter Dinge fuhr ich in die Wohnung der ehemaligen Nachbarn meiner Begleiterin und sie fiel mir gleich in die Arme, als ich die Wohnung betrat.

Wir hielten uns nicht länger dort auf, sondern brachen zügig auf. Denn ich wollte ihr das Einkaufszentrum „Westpark" zeigen, welches sich über zwei Etagen erstreckt und im Nordwesten der Stadt liegt. Bekanntlich gehen Frauen gerne shoppen. Die Dekorateure in der Einkaufsgalerie hatten ganze Arbeit geleistet, wie wir später feststellen konnten. Viele ausgestellte Waren und Artikel waren so einladend und ansprechend platziert worden, dass wir uns davon wie ein Magnet angezogen fühlten und die jeweiligen Geschäfte gerne betraten. Wir kauften ein paar typisch bayerische Accessoires, ehe wir uns beim Vietnamesen stärkten. Das gute Essen ließ Glücksgefühle in uns entstehen und alle Sinne wurden positiv stimuliert. Aber es kam noch besser: Nach nur wenigen Metern hörten wir laute Stimmen und erfuhren, dass der „Westpark" gerade seinen 20. Geburtstag feierte.

Das Highlight des Jubiläumsjahres war das Event „Lesenswert- Hörenswert" mit Autoren aus der Region. Von 13 Uhr bis 18 Uhr lasen zehn Autoren aus dem Großraum Ingolstadt und der Umgebung aus ihren Werken. Der Eintritt war frei.

„Wie passend", dachte ich mir. So schauten und hörten wir eine Weile interessiert zu. (Ich habe übrigens bis heute keine einzige Lesung gehalten).

Anschließend fuhren wir in die Altstadt und machten es uns in einem kleinen, aber feinen Lokal gemütlich.

Die kurze Pause war sehr willkommen und der leckere Kuchen hatte es uns angetan. Gegen Abend fuhr ich sie zu ihren Bekannten zurück, während ich mich auf den Weg zu meinem Hotel machte. In dieser Nacht schlief ich viel besser. Dasselbe ausgewogene Frühstück versüßte mir den nächsten Morgen.

Bei den Bekannten meiner Freundin wurde mir ein Kaffee angeboten: „Wenn man schon in Ingolstadt ist, auch wenn man kein Auto kauft oder abholt, sollte man das Audi-Museum unbedingt einmal besucht haben." Zwar bin ich schon mehrere hundert Mal daran vorbeigefahren, aber drinnen war ich noch nie. Gesagt, getan. „Einverstanden, wir sind dabei", freute ich mich. So fuhren wir zu viert los, um diesen Tag gemeinsam zu verbringen.

Auf drei Ebenen gibt es viel Interessantes zu entdecken. Im Gebäude befindet sich ein Kino, in dem ein 3D-Film über die Entwicklung der Automobilindustrie, von den ersten Prototypen bis hin zur Serienfertigung, gezeigt wird. Die Exponate sind ebenfalls einen genaueren Blick wert und allesamt einzigartig. Zwar bin ich kein wirklicher Autofan, dennoch war ich total begeistert von dem Museum.

Am Abend wollten wir ausgehen. Die Clubs und Bars in Ingolstadt haben für jeden Geschmack das Richtige zu bieten. Das Nachtleben ist geprägt von vielen Studentenpartys.

Unsere erste Anlaufstelle war die „Havanna Bar". Dort bestellten wir etwas zu trinken und beobachten die Tanzenden und Feiernden, die sich fröhlich mit erotischen Hüftbewegungen zu Salsa-Musik bewegten. Fasziniert von der positiven Stimmung, ließen wir uns anstecken. Wir waren frei, frei von Sorgen, frei von Ängsten und genossen jeden einzelnen Moment. Betrunken von der

Musik, tanzten meine Freundin und ich. Zur späten Stunde verließen wir glücklich und fröhlich die Bar. „Wie sehr würde ich diesmal die Nacht mit Dir gemeinsam verbringen wollen. Aber ich weiß nicht, ob ich meine ehemaligen Nachbarn je wieder im Leben sehen werde", sprach sie. Selbstverständlich zeigte ich Verständnis.

Ich begleitete sie noch bis vor die Haustür ihrer Bekannten und bevor wir uns voneinander verabschiedeten, gab sie mir einen Kuss – halb auf den Mund und halb auf die Wange. Ich küsste sie zurück. Ein leichter Wind kam auf und legte sich wieder. Ich spürte die Feuchtigkeit verdunsten, die sie auf meinem Gesicht hinterlassen hatte. Happy fuhr in mein Hotel zurück.

„Ingolstadt, ich werde dich vermissen." Die Stadt, in der ich mein Brot verdient habe. Die Stadt, die meine Schmerzen, Wunden und meine Psyche voneinander gelöst und mich mit ihrem Klima, der strahlenden, lachenden Sonne und den idyllischen Seen beschenkt und bereichert hat.

Zum letzten Mal genoss ich das Frühstück, bedankte mich beim Hotelpersonal für alles, packte meine Siebensachen und fuhr zu der Adresse, an der man mich bereits erwartete. Bevor wir die Stadt hinter uns ließen, wollte ich mit ihr noch einen letzten Spaziergang im Klenzepark machen, der übrigens von den Einheimischen oft nur „Klenze" genannt wird. Der Park, der in nur wenigen Minuten von der Stadtmitte aus zu erreichen ist, ist ein schöner Ort, um die Seele baumeln zu lassen. Die Vielfalt der Pflanzenwelt ist überwältigend. Die große Rasenfläche lädt dazu ein, sich auf ihr auszutoben. Ein Bachlauf mit einem Springbrunnen sorgt im Sommer für Erfrischung. Hier konnten wir herrlich relaxen und ein letztes Mal gemeinsam die bayrische Luft genießen.

Leider saß uns die Zeit im Nacken. Wir mussten zurück, denn es war an der Zeit, sich von den Bekannten meiner Freundin zu verabschieden. Dort angekommen, reichten wir uns die Hände und umarmten einander.

„Habt eine gute Rückfahrt und vielen Dank für euren Besuch", sagte man uns, ehe wir ins Auto stiegen.

„Haben wir gerne gemacht", gaben wir zurück und fuhren guter Dinge los. An meiner ehemaligen Stamm-Tankstelle füllte ich den Tank. Kaugummis durften wie selbstverständlich nicht fehlen, denn diese fördern bekanntlich die Konzentration.

So bog ich kurze Zeit später auf die Autobahn A9 und die lange Fahrt stand uns bevor.

„Ich danke dir, dass du mir diesen Wunsch erfüllt hast", sagte sie. Wieder in Niedersachsen angekommen, half ich ihr und brachte noch ihre Sachen in ihre Wohnung. Freudestrahlend und überglücklich küsste sie mich liebevoll. Der Ausflug und das gemeinsame Wochenende hatten uns sehr gutgetan.

Zu Hause angekommen wurde ich herzlich empfangen und das Letzte, was ich an diesem Tag machte, bevor ich schlafen ging und das Licht ausmachte, war beten: „Ich danke dir, dass alles glatt verlief." Dann schloss ich meine Augen und schlief kurze Zeit später ein.

Kapitel 18

Meine Eltern sind beide in den Siebzigern. Seit gut zehn Jahren, seit mein Vater Rentner ist, leben sie sechs Monate hier in Deutschland und die restliche Zeit des Jahres in der Türkei. Schließlich lässt es sich im eigenen Haus mit eigenem Obst- und Gemüsegarten vor der Tür besser leben als in einer Mietwohnung in einem Mehrfamilienhaus. Von der guten Luft und dem kostbaren Brunnenwasser schwärmten sie ebenfalls. Abgesehen von dem angenehmen Klima, freuten sich meine Eltern aber auch auf ein Wiedersehen mit der Verwandtschaft. Zu guter Letzt sind die Lebenshaltungskosten dort deutlich günstiger als in Deutschland.

Nun stand wieder zu Beginn des Sommers eine mehrmonatige Türkei-Reise an. Von ganzem Herzen gönnte ich ihnen diese Zeit und hoffte wie jedes Mal auf ihre gesunde Rückkehr.

Gut eine Woche dauern die Vorbereitungen auf die lange Reise jedesmal. Neben den wichtigsten Dokumenten werden nach und nach die Koffer gepackt und vor allem wird ordentlich eingekauft: Schokolade und andere Süßigkeiten dürfen auf gar keinen Fall fehlen. Besonders die deutsche Schokolade ist in der Türkei sehr beliebt.

Der türkische Tee und die Knoblauchwurst, die hier in

den türkischen Supermärkten angeboten werden, sind ebenfalls ein absolutes Muss. Geschmäcker sind nun einmal verschieden und gerade diesen Tee und diese leckere Wurst gibt es seltsamerweise nicht in der Türkei - jedenfalls nicht in dieser Qualität.

Am Abreisetag - beide Koffer waren mittlerweile gepackt und im Kofferraum verstaut - machten wir uns auf den Weg zum Flughafen Hannover. Obwohl wir gut zwei Stunden vor dem Abflug am Terminal waren, war die Schlange der Reisenden sehr lang.

„Halb so wild", meinte mein Vater und redete weiter, „Mein Sohn, pass bitte gut auf dich und deinen Sohn auf. Denn euer Wohl ist auch unser Wohl. Gedanklich werden wir immer bei euch sein."

„Mache ich, Baba", versprach ich hoch und heilig. „Mit etwas Glück habe ich übrigens bald schon eine Vollzeitstelle. Ich hoffe nur, dass das Vorstellungsgespräch in den kommenden Tagen gut verlaufen wird."

„Ich werde für dich beten", sagte er noch und machte mir Mut. Später beim Check-in fiel mir meine Mutter in die Arme und küsste meine Wangen.

„Habt eine schöne Zeit und kommt heil wieder zurück. Vergesst bitte nicht die Sonne mitzubringen", gab ich ihnen noch mit auf den Weg.

Ich küsste beiden die Hände und verabschiedete mich mit den Worten: „Allah'a emanet olun." (Möge Gott mit euch sein und auf euch aufpassen).

Auf Empfehlung eines Freundes hatte ich mich vor wenigen Wochen bei einem Elektrofachmarkt, der gerade einmal acht Kilometer von meinem Wohnort entfernt ist, beworben.

Nachdem ich zunächst eine Absage erhalten hatte, rief mich der Personalchef zu meiner großen Überraschung dann doch noch an. Ich arbeitete gerade im Imbiss, als das Telefon klingelte.

„Ich habe Ihr Bewerbungsschreiben hier noch einmal vorliegen und würde Sie gern zu einem Vorstellungsgespräch einladen. Wann hätten Sie Zeit?"

„Gleich morgen kann ich mich persönlich vorstellen", antwortete ich etwas verwundert.

„Abgemacht, dann seien Sie bitte gegen 14 Uhr hier."

Damit endete das Telefongespräch.

Ganz glauben konnte ich das immer noch nicht, da ich ja bereits eine Absage auf die freie Stelle bekommen hatte.

Kurze Zeit später hatte ich eine Lieferung und nachdem ich die Bestellung beim Kunden abgeliefert hatte und mich erneut im Laden befand, weihte ich den asiatischen Chef in meine Pläne bezüglich meiner beruflichen Veränderung ein und ließ ihn gleichzeitig wissen, dass ich weiterhin an den Wochenenden für ihn arbeiten könnte, falls es denn tatsächlich zu einer Anstellung kommen würde.

„Ist kein Problem", meinte er, „aber schau erst einmal, wie das Vorstellungsgespräch verlaufen wird." Immer noch etwas überrumpelt von dem Telefonat und aufgeregt wegen des bevorstehenden Gesprächs am nächsten Tag, war es am Abend wieder besonders schwer zur Ruhe zu kommen.

Am nächsten Tag gab ich mir besonders viel Mühe, mich für den bevorstehenden Termin herauszuputzen. Nach einer belebenden Dusche und einem Morgen-Snack zog ich mich an, machte die Haare schick, benutzte ein wenig Parfum und fuhr mit meinem Auto zur bekannten Adresse des Elektrofachmarkt. Im Laden nannte ich meinen Namen und man erklärte mir, in welchem Stockwerk sich das Büro des Personalchefs befand.

In einem kleinen Salon, der mit samtbezogenen Möbeln ausgestattet war, durfte ich Platz nehmen. Ich bewahrte einen kühlen Kopf und war voll konzentriert. Endlich wurde ich von einem Mann in meiner Größe und in einem Anzug, der seine Figur betonte, empfangen. Er trug einen Dreiteiler in verschiedenen Grautönen. Seine Uhr schien aus Massivgold zu sein und er vermittelte den Eindruck von Macht. Zum Glück hatte sich mein Freund, der hier bereits seit knapp einem Jahr als Monteur arbeitet, für mich verbürgt. Der Personalchef stellte zunächst sich und dann das Unternehmen vor. Während er sprach, merkte ich, wie er mich von oben bis unten musterte: Er achtete auf meine Körpersprache und auf den Klang meiner Stimme. Dann war es an mir etwas zu sagen.

„Vielen Dank, dass Sie mich zu einem Vorstellungsgespräch eingeladen haben. Ich glaube, Sie suchen einen Auslieferungsfahrer, der zusammen mit dem Monteur die Haushaltsgeräte zu den Kunden bringt und die Geräte installiert. Ich bin jung, körperlich belastbar und lerne gerne dazu. Außerdem suche ich eine neue Herausforderung. Somit würde ich mich freuen, für Sie arbeiten zu dürfen."

Beim Reden musterte er mich genau; anschließend nannte er mir den „sittenwidrigen" Lohn. Gleichzeitig verwandelten sich seine Gesichtszüge und er fügte freudestrahlend hinzu, dass sich am Ende des Tages die Trinkgelder sehen lassen könnten und dass jeder Kollege die Gelder vom Kunden annehmen und auch behalten dürfe.

Von meinem Freund wusste ich, dass er im Vorstellungsgespräch seine Gehaltsvorstellung erfolgreich hochgepokert hatte.

Aus meiner aktuellen Situation heraus – ich arbeitete ja nur auf Aushilfsbasis beim „Chinamann" - wollte ich jedoch nichts riskieren. Von daher nahm ich sein Angebot an, denn ich wollte um jeden Preis erst einmal Fuß fassen in der Firma. Darüber hinaus erfuhr ich aber auch, dass sich das Gehalt je nach Betriebszugehörigkeit erhöhte und dass es sich um eine 39-Stunden-Woche handelte mit 30 Tage Urlaub im Jahr. „Wenn Sie mit diesen Bedingungen einverstanden sind, können Sie den Arbeitsvertrag unterschreiben", sagte er.

Ich hatte mir allerdings fest vorgenommen, die achtzig Quadratmeter-Wohnung meiner Eltern komplett neu zu renovieren und alle Räume mit neuen Möbeln auszustatten. Daher trug ich meine Bitte vor, erst in zwei Wochen anfangen zu dürfen, weil ich bis dahin das meiste erledigen konnte. „Abgemacht", meinte er, „Montag in zwei Wochen." Damit war das Gespräch beendet und der Arbeitsvertrag in doppelter Ausfertigung unterschrieben.

Meinem asiatischen Chef erzählte ich, dass ich fortan nur noch sonntags für ihn arbeiten werde aber in dringenden Fällen samstags ebenfalls als Springer einspringen könnte. Er willigte ein.

Von nun an galt meine volle Konzentration der Wohnungsrenovierung und ich wollte jeden Tag dafür nutzen, um möglichst viel zu schaffen. Daher würde ich für andere Dinge erst einmal keine Zeit haben, nicht einmal fürs Fitnessstudio. Zum Austoben würde ich in nächster Zeit noch genug Gelegenheit haben.

Die Wohnung meiner Eltern besteht aus drei Zimmern, plus Badezimmer, Küche und Flur. *Wer außer mir sollte sonst die Arbeit verrichten?* Aber ich würde es gerne machen, damit endlich „Neue Frische" in die Wohnung kommen könnte. Nach gut zehn Jahren war es ohnehin an der Zeit, alles neu zu gestalten. Bereits gut sechs Monate zuvor wurde auf Kosten des Vermieters das Badezimmer komplett neu gemacht.

Die Badewanne aus den siebziger Jahren wurde durch eine moderne Eckdusche ersetzt, die Toilette bekam neue Leitungen und die Boden- und Wandfliesen wurden durch neue ersetzt. Für die Zeit, in der diese Arbeiten im gesamten Wohnblock mit insgesamt sechs Wohneinheiten vollzogen wurden, bekamen wir freundlicherweise vom Vermieter eine für uns kostenlose Saisonkarte fürs Hallenbad, in dem wir uns immerhin duschen konnten.

Mit Bedacht fing ich erst einmal mit dem größten Zimmer an, dem Wohnzimmer. Alles musste raus, alles sollte weg.

Ich wollte alles neu kaufen und ersetzen. Koste es, was es wolle. Mein Sohn, der zu dem Zeitpunkt bereits 15 Jahre alt war, war mir dabei eine unschätzbare Hilfe. Zum Glück wohnten wir im Erdgeschoss. So hatte ich mir überlegt, dass die alten Möbel so lange hinten im Garten gelagert werden könnten, bis die Müllabfuhr alles zur Entsorgung abholen würde. Der große Wohnzimmerschrank, das schwere Sofa, der orientalische, große Teppich und der Wohnzimmertisch - alles wurde vom Balkon in den Garten transportiert und dort vorerst gelagert.

Die Sperrmüllabfuhr sollte spätestens am nächsten Tag schriftlich kontaktiert werden. Sobald der Termin für die Abholung feststehen würde, mussten alle Möbel schnellstens aus der Wohnung raus. Weil ich keine Zeit verlieren wollte, legte ich auch glcich los.

Gleich danach knöpfte ich mir das Schlafzimmer meiner Eltern vor. Zunächst wanderten die beiden Kleiderschränke über den Balkon in den Garten, dann der Teppich und zuletzt zwei kleine Nachtschränke. Alles Brauchbare sortierte ich aus und brachte die in Säcke, Tüten oder Kartons eingepackten Sachen in den Keller. Papier und Restmüll wurden gleich entsorgt.

Der Riesenberg im Garten wurde unterdessen immer größer und ansehnlicher. Die vorbeifahrenden Autos konnten den Berg, der zwar etwas verdeckt hinter dem Kirschbaum versteckt lag, trotzdem sehen. Zwar wurde ich zum Glück nie von irgendjemandem darauf angesprochen, dennoch war das Ganze etwas unangenehm für mich.

Die alten Teppiche im Flur samt Teppichleisten wurden ebenfalls herausgerissen.

Aus der Küche war nur ein kleiner Schrank zu entsorgen, denn die Spüle war erst kürzlich ausgetauscht worden. Mein eigenes Zimmer würde ich ganz zum Schluss renovieren.

Am vierten Tag fuhr ich mit meinem Sohn in den Baumarkt, um Farbe, Pinsel und Abdeckplanen zu besorgen. Bevor wir mit den Streicharbeiten an den Wänden und der Zimmerdecke anfangen konnten, musste der Fußboden mit der Plane ordnungsgemäß abgedeckt werden. Übung macht bekanntlich den Meister. Mit der Zeit schaffte es auch mein Sohnemann, streifenfrei zu streichen. Er strich die eine Hälfte der Wand, ich die andere. Gemeinsam kamen wir schnell voran, so dass wir noch am selben Tag die Arbeiten im Wohnzimmer, im Schlafzimmer und im Flur beenden konnten.

Bevor wir am fünften Tag erneut in den Baumarkt fuhren, mussten zuvor die Räume noch genau vermessen werden. Um Geld zu sparen, schaute ich im Laden gezielt nach bereits zugeschnittenen Teppichen. Zu unserer Überraschung wurden wir schnell fündig: Ein Teppich für das Schlafzimmer meiner Eltern, für den Flur und zusätzlich für das Zimmer meines Sohnes, was so eigentlich gar nicht geplant war. Aber da ich schon einmal im Kaufrausch war, bekam er den gewünschten Teppich als Dankeschön für seine Mithilfe.

Am darauffolgenden Tag konnten wir uns an die Neugestaltung der Fußböden machen. Anschließend telefonierte ich mit meiner Schwester und mit einem Freund, den ich aus Kindertagen kenne.

Meine Schwester riet mir, einen großen Kleiderschrank für das Schlafzimmer der Eltern zu kaufen, der die beiden kleinen nebeneinanderstehenden Schränke ersetzen sollte. Mein Freund riet mir, Laminat im Wohnzimmer zu verlegen, da dieser Bodenbelag nicht nur pflegeleicht sei, sondern zudem auch noch schöner aussehe.

Der Vorschlag meiner Schwester machte dann schließlich das Rennen und ich stimmte zu. Von der Idee meines Freundes hielt ich vorerst nichts.

Noch am gleichen Tag suchte ich ein Möbelgeschäft auf und fand dort einen passenden Schrank. Diesen zahlte ich gleich und ließ ihn in den nächsten Tagen nach Hause liefern.

Gegen Abend fuhr ich erst einmal runter und entspannte mich. Ich ging früh zu Bett, um neue Energie zu tanken. Tags darauf rief mich erneut mein Freund an: „Bruder, Laminat wäre wirklich die bessere Lösung. Ich bin gerne bereit, nächste Woche mit dir zusammen in den Baumarkt zu fahren. Dann kaufen wir auch alles andere, was für die Arbeit nötig ist. In wenigen Stunden sind wir damit fertig", versprach er. „Ich werde es mir überlegen", antwortete ich.

Am nächsten Tag besuchte ich kurz meine beste Freundin.

Am Abend zuvor hatte ich von 17 Uhr bis 22 Uhr wieder beim „Chinamann" gearbeitet. Im Lieferservice ist der Sonntag immer besonders stressig, dafür vergeht die Zeit umso schneller. „Du siehst überarbeitet und geschafft aus", stellte sie bei der Begrüßung fest. „Das bin ich leider auch", gab ich zu, „aber das wird schon wieder." Nachdem wir einen Kaffee getrunken hatten, verspürte ich das Bedürfnis sie zu umarmen, zu drücken und zu knuddeln.

Nach gut zwei Stunden musste ich schon wieder aufbrechen.

„Bis zum nächsten Mal Baby", sagte ich und versprach, sie bald wieder zu besuchen.

„Aber ich könnte dich ebenfalls besuchen kommen", sagte sie noch zwischen Tür und Angel.

„Bitte nicht, jedenfalls noch nicht. Die Wohnung muss erst fertig werden. Noch sieht alles chaotisch aus. Ich melde mich", hörte ich mich noch sagen und schon war ich wieder weg.

Am nächsten Tag erhielt ich einen Anruf vom Möbelhaus. Der neue Kleiderschrank sollte schon in 24 Stunden geliefert werden und man wollte sichergehen, dass dann auch jemand zu Hause war.

„Ja, ich werde da sein", bestätigte ich.

Leider hatte ich unruhig geschlafen und mir stattdessen Gedanken über das Laminatverlegen gemacht.

Schlussendlich ließ ich mir das Ganze erneut durch den Kopf gehen.

Gegen Nachmittag rief ich meinen Freund an und erzählte ihm, dass wir das genauso machen könnten, wie er mir das vorgeschlagen hatte. So verabreden wir uns für den nächsten Morgen und fuhren zusammen in den Baumarkt. Wir hatten alles besorgt und ich war erstaunt über den günstigen Preis, da die Ware glücklicherweise im Angebot war.

Kleine Freuden versüßen bekanntlich den Alltag.

Deshalb stärkten wir uns erst einmal bei einem Kaffee und leckerem Kuchen, bevor wir im Wohnzimmer die

wenigen Dinge, die noch herumstanden, wegräumten. Man lernt ja nie aus im Leben und so machte ich mich mit der Technik des Laminatbodenverlegens vertraut.

Wir waren schnell ein gut eingespieltes Team. Die gemeinsame Arbeit wurde zum einfachen Glück und half mir, mein inneres Gleichgewicht wieder zu erlangen. Nach gut fünf Stunden waren wir fertig und mächtig stolz. In der Zwischenzeit war passenderweise der neue Kleiderschrank geliefert worden.

Die Einzelteile lagerten wir zunächst im Schlafzimmer meiner Eltern.

Nach der kräftezehrenden Arbeit kaufte ich für uns beide Döner, entlohnte ihn großzügig und bedankte mich von Herzen.

„Habe ich sehr gerne für dich gemacht, Bruderherz. Wenn du möchtest, komme ich morgen wieder, um mit dir den Kleiderschrank aufzubauen."

„Das wäre wirklich super, zumal du mehr Erfahrung hast in solchen Dingen", sagte ich erleichtert.

Am nächsten Morgen holte ich ihn erneut ab und wir frühstückten erstmal. Als es wieder an die Arbeit ging, schaute er sich weder die Skizze noch die Beschreibung an. Seine Souveränität in solchen Dingen war beeindruckend.

Wir legten einfach los und im Nu stand der Schrank an Ort und Stelle. Das sah nicht nur schön aus, sondern bot auch noch viel Stauraum.

„Deine Eltern werden sich bestimmt freuen, wenn sie wieder zurück sind", sagte er beim Abschied.

„Davon gehe ich stark aus", antwortete ich und bedankte mich erneut für seine Hilfestellung.

Jedenfalls freute ich mich über den neuen Laminatboden. Er gefiel mir sehr gut und löste jedes Mal, wenn ich nach Hause kam, Freude in mir aus.

Die Wohnung wurde immer gemütlicher, erst recht als eine neue Couchgarnitur das Wohnzimmer schmückte. Ganz abgesehen von dem neuen Wohnzimmerschrank, der in den kommenden Tagen ebenfalls Teil der Erneuerung wurde. Zum Abschluss knüpfte ich mir noch mein eigenes Reich vor. Der Kleiderschrank wurde entsorgt und durch einen neuen ersetzt. Der alte Teppich, die Teppichleisten und der kleine Nachtschrank wurden ebenfalls Opfer der Entrümpelung. Selbstverständlich kam hier ebenfalls frische Farbe an die Wand.

Zwei neue Boxspringbetten - eins für meine Eltern und eins für mich - sowie ein neuer Geschirrspüler sollten kurze Zeit später noch dazukommen. *Wenn schon, denn schon richtig,* dachte ich mir. *Jetzt fehlen eigentlich nur noch neue, passende Deckenlampen in jedem Raum. Dann ist wirklich alles perfekt.*

Abschließend kamen noch einige Dekorationsgegenstände hinzu, die mit den neuen Möbeln harmonierten, so dass alle Räume authentisch und lebendig auf uns wirkten. Eine gemütliche Atmosphäre, die Geborgenheit und Wohlempfinden vermittelte.

Nach gut zwei Wochen waren alle Räume mit neuen Böden und Möbeln versehen und ich fühlte mich einerseits überaus glücklich und andererseits war ich physisch an meine Grenzen gestoßen - Renovierungsarbeiten in Rekordzeit.

Den darauffolgenden Samstag nahm ich mir frei, denn nach zehn Tagen war die Sehnsucht nach meiner guten Freundin sehr groß. Wir verbrachten einen entspannten Tag zusammen und gingen im Wald spazieren. Sattes Grün, frische Luft und Ruhe. Der ideale Ort zum Entspannen. Am Abend aßen wir ausgewogen und machten uns einen gemütlichen DVD-Abend. Das Kuscheln bescherte uns Glücksgefühle und ihre zärtlichen Küsse waren genau das, was ich jetzt brauchte…

Am nächsten Morgen, nachdem ich endlich wieder Kraft getankt hatte, fragte ich mich, warum ich nach zwei Wochen immer noch keinen Bescheid von der Müllabfuhr erhalten hatte. Zum Glück waren die Renovierungsarbeiten abgeschlossen und ich entschied mich, noch ein paar Tage auf eine Rückmeldung von der Müllabfuhr zu warten.

Kapitel 19

Vor Aufregung bekam ich die Nacht zuvor kein Auge zu, als es endlich soweit war - mein erster Arbeitstag im neuen Unternehmen. Nachdem ich gefrühstückt hatte, machte ich mich auf zu meiner neuen Arbeitsstelle. Mein Freund, der mir diesen Job empfohlen hatte, war zu dem Zeitpunkt für drei Wochen im Urlaub.

Pünktlich erreichte ich die neue Firma und wurde freundlich begrüßt. Der Personalchef stellte mich meinen neuen Kollegen vor und ich erhielt meine Arbeitskleidung, die ich sofort anzog. Wir waren sechs Arbeiter, zwei davon arbeiteten im Lager, die anderen bildeten zwei Gruppen zu je zwei Mann, die die Geräte zu den Kunden lieferten und auf Wunsch anschlossen.

Ich wurde einem Kollegen zugeteilt, der mich einarbeiten sollte. Wir hatten zusammen jeden Tag drei Kunden in den Vormittags- und drei bis vier in den Nachmittagsstunden zu beliefern.

Mit einer Sackkarre transportierten wir die unterschiedlichsten Haushaltsgeräte zum Lkw und beluden diesen zuerst mit den Geräten, die am Nachmittag geliefert werden sollten. Anschließend folgten die, die am Vormittag zum Kunden gebracht werden mussten. Körperliche Fitness war in diesem Job klar von Vorteil. Manche

Waschmaschinen wogen bis zu hundertdreißig Kilo. Mal hatten wir Glück und der Kunde wohnte im ersten Stock. Manchmal befand sich allerdings kein Fahrstuhl im Wohnblock und wir mussten die Geräte zum dritten oder vierten Stock schleppen. Meist waren die Altgeräte, die wir zur Entsorgung mitnahmen, so schwer und das Treppenhaus so eng, dass wir oft bereits beim ersten Kunden anfingen zu schwitzen. Der Monteur schloss die Geräte an, ich hingegen erledigte die Nebenarbeiten. Nun erfolgte noch eine Funktionsprüfung und dann wurde abkassiert. Jede Arbeit hat seine Vor- und Nachteile. In diesem Fall machte sich die körperliche Schwerstarbeit bezahlt. Am Ende eines Arbeitstages nahm jeder von uns immer zwischen zwanzig und dreißig Euro Trinkgeld mit nach Hause.

Wir waren meist in einem Umkreis von circa dreißig Kilometern um unsere Arbeitsstelle herum beschäftigt. Zum Feierabend hin fuhren wir in die Firma zurück, teilten das Trinkgeld noch im Fahrzeug unter uns auf und machten uns daran, die Altgeräte vom Lkw abzuladen und in einem separaten Raum zu verstauen, die wiederum durch eine andere Firma mehrmals in der Woche abgeholt und fachgerecht entsorgt wurden.

Der Kollege brachte erst danach die bezahlten Rechnungen sowie das eingenommene Bargeld zu der Mitarbeiterin, die im Laden an der Kasse arbeitete. Somit durften wir meist schon eine halbe Stunde früher Feierabend machen. Die Tätigkeit und der Ablauf waren jeden Tag gleich.

Bereits nach kurzer Zeit wurde die Arbeit zur Routine und jeder Handgriff zur Gewohnheit. Schon nach der ersten Woche bildeten mein Kollege und ich ein tolles Team. Die Anstrengung war zwar groß, das Endergebnis aber immer sehr zufriedenstellend und die Kameradschaft hervorragend. Wenn ich abends zu Bett ging, dann mit Vorfreude auf den nächsten Tag. Ich freute mich schon morgens beim Aufstehen auf die bevorstehende Arbeit und war voller Motivation. Die neue Tätigkeit baute mich richtig auf und brachte einen hohen, psychologischen Nutzen mit sich. Denn Zufriedenheit bedeutet nicht, alles zu haben, sondern das Beste aus allem zu machen. Viele Wohnungen und schöne Häuser mit den verschiedensten Inneneinrichtungen in kurzen Zeitabständen zu sehen und dazu mit überwiegend freundlichen Bewohnern nett kommunizieren zu können, das waren für mich ganz neue, positive Erfahrungen. Jeden Tag führte ich einige interessante Gespräche mit den meist älteren Kunden, die mich oft von sich aus ansprachen. Sie taten mir damit unbewusst gut und bereicherten mich mit den unterschiedlichsten Lebensgeschichten. Manche Gespräche berührten mich tief:

Ihre Erzählungen schenkten mir einen Einblick auf ihre Lebensgeschichte. Einigen Kunden kam ich anscheinend so vertraut rüber, dass sie mir über ihre tiefen, seelischen Verletzungen, Verwundungen und von ihren

Schicksalsschlägen berichteten, aber auch über ihre Bewältigungsversuche.

Mittlerweile lag seit einigen Wochen der Sperrmüll draußen im Garten wie auf dem Präsentierteller. Das war mir sehr unangenehm und machte mir echt zu schaffen. An einem Mittwoch erhielt ich überraschenderweise Post von dem Vermieter, der mir mitteilte, dass ich bis zum kommenden Montag Zeit hätte, den Müll zu entsorgen. Andernfalls würde man uns die Wohnung fristlos kündigen. Ich war geschockt, denn wir wohnten bereits seit fast zwei Jahrzehnten hier und ich wollte über die möglichen Folgen gar nicht erst nachdenken. Panisch rief ich den Vermieter an und teilte ihm mit, dass ich längst die Abfallwirtschaft mit der Abholung beauftragt hätte, aber zu meiner Verwunderung immer noch auf eine Antwort warten würde. Das interessierte ihn jedoch nicht, er wollte den Müll bis zum genannten Zeitpunkt entsorgt haben, damit sich die Grünfläche erholen könne. Schlussendlich rief ich die Abfallwirtschaft an. Aufgebracht fragte ich, ob man mich vergessen habe. „Nein, alles gut. Das Schreiben von uns müsste Sie morgen erreichen. Darin steht, dass unsere Mitarbeiter in zehn Tagen bei Ihnen sein werden, um den Müll zu entsorgen." Ich dachte, mich verhört zu haben: „Warum denn so spät? Der Vermieter gibt mir nur noch drei lächerliche Werktage Zeit, um den Müll, der seit gut drei Wochen im Garten liegt, zu beseitigen", brachte ich entsetzt hervor.

„Dann müssen Sie den Auftrag wieder zurückziehen, selbst tätig werden und den Müll zu uns bringen. Das bereits bezahlte Geld wird Ihnen dann erstattet." Aber als die Dame mir den Preis nannte, wurde ich buchstäblich blass. Denn wer selbstständig seinen Müll zur Entsorgung bringt, zahlt mal eben so das Vierfache. Durch die Renovierung hatte ich in letzter Zeit ohnehin schon viele Ausgaben. Diese unvorhersehbare Situation belastete mich enorm. Ich wusste nicht mehr ein noch aus.

Meine Eltern fielen mir in dem Moment ein und ich dachte voller Panik an die eventuelle Kündigung der Wohnung. Dabei wollte ich ihnen eigentlich etwas Gutes tun. Nun war die Situation so brenzlig, dass sich alles zu einem unvorhersehbaren Desaster verwandeln könnte. Deswegen musste ich mir blitzschnell etwas einfallen lassen und vor allen Dingen schnell handeln. Daraufhin stöberte ich im Internet nach weiteren Abfallstationen im Umkreis und schaute in erster Linie, welche an den Wochenenden geöffnet haben. Denn während der Woche würde ich es nach Feierabend zeitlich nicht schaffen.

Zum Glück kam mir eine Idee: Ein weiterer Freund, den ich ebenfalls seit meiner Kindheit kenne, war vor kurzem wieder in meine Gegend gezogen. Er hat einen Autoanhänger und deshalb machte ich ihn kurzerhand am Telefon mit der Gesamtsituation vertraut.

Er wirkte sehr gelassen und versprach mir auf Anhieb seine Unterstützung bzw. Hilfestellung für den kommenden Samstag zu.

„Mein Auto ist noch nicht umgemeldet. Daher habe ich noch die hannoverschen Kennzeichen. Im Raum Hannover ist die Müllbeseitigung nämlich völlig kostenlos. Deswegen mach dir keinen Kopf. Du kannst dir gerne mein Auto mit dem Anhänger ausleihen, aber ich kann dir dabei leider nicht helfen. Habe meine Kinder hier und wir haben bereits etwas vor. Samstag ab neun Uhr kannst du gerne kommen." Große Erleichterung erfüllte mich.

Nach drei Wochen Anlernzeit wurde ich dem jüngsten Mitarbeiter zugewiesen, der gerade einmal zweiundzwanzig Jahre alt war.

Dieser Kollege war drei Monaten vor mir als Monteure eingestellt worden und verdiente deutlich mehr als ein Helfer oder Auslieferungsfahrer. Mit dem jüngeren Kollegen verlief jeder Arbeitstag gleich.

Nur mit dem Unterschied, dass er mich jedes Mal zum Lkw schickte, sobald wir die Arbeit beim Kunden erfolgreich beendet hatten und es an der Zeit war, dass der Kunde zahlen musste. Nach dem dritten Kunden jedoch, als ich wieder vorgehen sollte, sprach ich ihn verärgert darauf an, dass er es unterlassen solle, mich wie einen Hund zu behandeln.

„So hat es mir aber der älteste Kollege beigebracht, mit dem du übrigens nach mir zusammenarbeiten wirst."

„Mir hat man genau das Gegenteil beigebracht, nämlich dass man immer zu zweit zum Kunden geht und

sich nach der verrichteten Arbeit gemeinsam wieder verabschiedet", sagte ich immer noch ziemlich sauer. Ab sofort unterließ er dieses Verhalten.

Wir wechselten uns mit dem Fahren ab, führten Gespräche und lernten uns besser kennen. Wo wir unsere einstündige Pause verbrachten, war uns freigestellt. Ob in einer Bäckerei, auf dem Parkplatz eines Lebensmittelmarktes oder eben in der Firma. Zum Feierabend teilten wir unsere Trinkgelder.

Gut gelaunt kam ich abends in die schöne, frisch renovierte Wohnung, die auf mich sehr gemütlich und einladend wirkte. Nachdem ich mir etwas zu essen gemacht hatte, hörte ich meinen Sohn kommen. Er ging neuerdings ganz in der Nähe zur Schule und war daher öfter bei mir. Wir aßen im Wohnzimmer. Plötzlich sagt er: „Baba, die Wohnung sieht so ganz anders aus, alles so neu. Dede (Opa) und Babaanne (Oma) werden sich ganz bestimmt total freuen." Nachdem ich dann noch einen drauflegte und einige Zeit später ein Bild meiner Eltern als gerahmtes Poster im Wohnzimmer aufhängte, sagte er diesmal mit leuchtenden Augen:

„Sie werden sogar vor Freude deine Augen küssen!"

Am nächsten Samstagmorgen konnte dann endlich die Entsorgung des Sperrmülls stattfinden. Mein Sohn half mir dabei.

Wir standen früh auf und konzentrierten uns zunächst erst einmal nur aufs Frühstück. Dabei besprachen wir, wie wir bei der Entrümpelung am besten vorgehen würden. Es würde sicherlich mehrere Anläufe brauchen, bis der Müllberg vollständig entsorgt werden konnte. Wir holten das Auto mit dem Anhänger und nahmen vorsichtshalber noch mehrere Zurrgurte und ein Ladungssicherungsnetz mit.

Möglichst platzsparend beluden wir den Anhänger, um nicht allzu oft zur Mülldeponie fahren zu müssen, denn immerhin betrug die einfache Fahrt rund zwanzig Kilometer. Später, als wir an der Mülldeponie ankamen, hatten wir tatsächlich Glück und wurden nicht kontrolliert, da das Auto mit dem hannoverschen Kennzeichen ja nicht auf mich, sondern auf meinem Freund angemeldet war. Regungslos stand der Deponie-Mitarbeiter auf seinem Platz und winkte uns zum richtigen Platz.

An diesem Tag herrschte dort trotz Regenwetter viel Betrieb. Vor dem Sperrmüllcontainer hielt ich an und es dauerte keine zehn Minuten, da waren wir den Müll schon los.

In Windeseile fuhren wir zurück und tatsächlich entsprach der verbliebene Müll genau einer Anhängerladung, die anschließend ebenfalls von uns entsorgt wurde. Unendlich erleichtert brachten wir das Auto mit dem Anhänger zu meinem Freund zurück und ich bedankte mich sehr für seine Unterstützung.

„Habe ich gerne gemacht. Ich muss übrigens demnächst auch zur Müllkippe. Da könnte ich ebenfalls deine Hilfe gut gebrauchen."

„Na klar doch", sagte ich, „du musst mich nur rechtzeitig wissen lassen, wann du meine Hilfe benötigst."

Bevor ich meinen Sohn zu seiner Mutter fuhr, holte ich uns zur Stärkung noch jeweils einen Döner. Meine Freundin war auf einem Grillfest eingeladen. Als sie nach 23 Uhr wieder nach Hause kam, ließ sie mich über WhatsApp wissen, dass sie mich gerne noch sehen würde. Trotz der späten Stunde fuhr ich zu ihr. Sie erzählte, dass sie schöne Stunden mit netten Leuten verbracht habe und mich trotzdem vermisst hätte.

Seit ich sie kenne, kann ich wieder lachen, über alles und jeden. Ich sehe sie lange an, ihren Mund ganz nah spüre ich wie er mich anzieht. Ein Mund für die zärtlichsten Küsse.

Später schlief sie friedlich in meinen Armen ein und die ganze Nacht genoss ich ihre Nähe und Wärme. Am nächsten Morgen frühstückten wir im Bett. Vor Energie und Begeisterung strahlte ich, denn alles schien sich zum Positiven zu wenden.

„Das Strahlen deiner Augen ist unübersehbar. Dazu wirkst du total positiv. Ich bin stolz auf dich", gab sie diesmal von sich. Ihre Worte gingen runter wie Öl.

Dennoch häuften sich nach und nach die Grillpartys meiner Freundin mit „den netten Leuten", so dass wir uns immer seltener sahen, zumal ich auch nicht nur zu Hause war und Däumchen drehte.

Die letzten Wochen waren zwar anstrengend, aber jede Aufgabe und jedes Ziel wurde meinerseits erfolgreich vollendet.

Durch viel Beschäftigung hatte ich es bisher auch immer irgendwie geschafft, über meine Sorgen, die manchmal wie ein kleines, in der Luft verbrennendes, glühendes Teilchen erschienen und plötzlich verpufften, hinwegzukommen.

Später verließ ich ihre Wohnung und gönnte mir zwei bis drei Stunden Auszeit, bis ich erneut für die nächsten fünf Stunden Essen ausliefern musste. Mit der Zeit kam ich gar nicht mehr mit und hatte manchmal das Gefühl, wie am Fließband nonstop zu arbeiten. In einigen Nächten kam ich gerade mal vier oder fünf Stunden zur Ruhe. Trotzdem beschwerte ich mich nie - ganz im Gegenteil - ich fühlte mich frei und stand mitten im Leben.

Mein Freund war mittlerweile aus dem Urlaub zurück und somit waren wir ab sofort auch Kollegen. Wir begrüßten uns und ich dankte ihm von Herzen für den Tipp, mich bei dieser Firma zu bewerben.

„Kommst du denn gut klar mit der neuen Arbeit?", wollte er wissen. „Es wird jeden Tag besser", antwortete ich.

Wie jeden Morgen wurden zunächst die Geräte eingeladen und ich fuhr mit dem jüngeren Kollegen zu den Kunden. Mein Freund war mit dem älteren Kollegen, den ich bisher nur flüchtig kannte, unterwegs.

„In zwei Wochen sollst du zusammen mit dem ältesten Kollegen arbeiten. Bis dahin wirst du weiterhin von mir eingearbeitet. Er ist etwas eigen und arbeitet seit über acht Jahren hier als Monteur." Einige der Verkäufer warnten mich ebenfalls vor ihm, aber ich gab nichts darauf und dachte mir, am besten mache ich mir mein eigenes Bild von ihm.

In der nächsten Woche musste mein Freund nach der Mittagspause zu einem dringenden Termin. Mit Ach und Krach erlaubte man ihm, vorzeitig Feierabend zu machen. Der Lagerleiter entschied kurzerhand, dass ich nach der Mittagspause mit dem älteren Monteur weiterarbeiten sollte und war dementsprechend gespannt. Auf dem Weg zum Kunden redeten wir erstmals ausführlicher miteinander und gingen auf Schnupperkurs.

Beim Kunden angekommen fiel mir auf, dass die Reihenfolge seiner Arbeitsabläufe ganz anders war als das, was ich bisher kennengelernt hatte. Mit den anderen beiden Kollegen, die mich die letzten Wochen eingearbeitet hatten, gingen wir immer zuerst in die Wohnung der Kunden, um uns den Arbeitsbereich anzuschauen.

Er bestand jedoch darauf, allein hineinzugehen. Unterdessen sollte ich das bestellte Gerät hinten im Lkw auspacken und mit der Sackkarre vor die Haustür des Kunden bringen. Normalerweise packten wir immer zu zweit die Geräte aus, allein schon aus Sicherheitsgründen.

Er erwartete immer mehr von mir, auch dass ich eigenständig Geräte beim Kunden anschloss, was normalerweise gar nicht zu meinen Aufgaben gehörte. Ich machte es trotzdem. Fortan sollte ich jeden Tag mit ihm zusammenarbeiten.

Zum Feierabend war es üblich, immer zu zweit die Altgeräte in dem Raum zu verstauen, aus dem sie später von einer Fremdfirma abgeholt und entsorgt wurden. Dieser Kollege weigerte sich jedoch mitzumachen. Er ging lieber gleich zu der Dame an der Kasse und übergab ihr das ganze Bargeld samt Rechnungen der Kunden.

Verärgert nahm ich auch das erst einmal so hin und sagte nichts weiter. Nach der ersten Woche fing er plötzlich an, mich nach verrichteter Arbeit beim Kunden direkt zum Lkw zu schicken. Nachdem sich das wiederholte und mir dieses Verhalten gewaltig auf die Nerven ging, konfrontierte ich ihn mit der Frage, was das Ganze sollte.

„Vertraust du mir etwa nicht?", fragte er und starrte mich an.

Ich erklärte, dass ich den Ablauf anders kennengelernt hätte und mir ziemlich blöd vorkäme, wenn man mich vorzeitig wegschicke.

„Ich möchte mir übrigens nicht die Blöße geben und dich jedes Mal fragen müssen, ob Trinkgelder gegeben worden sind oder nicht", fügte ich empört hinzu.

Er blieb stur - ich allerdings auch. Zwei Dickköpfe hatten sich unfreiwillig gefunden. So fragte ich mich:

„Warum begleitet mich immer das Unschöne im Leben?"

Mal unterließ er es, mich wegzuschicken, mal nicht. Es folgten unnötige Diskussionen, bis er dann irgendwann ganz damit aufhörte. Aber die Tatsache, dass er mir zum Feierabend nicht beim Abladen der Altgeräte helfen wollte, war für mich ebenso ein Ärgernis.

Natürlich wünscht man sich einen Arbeitsplatz, an dem jeder mit jedem klarkommt. Aber leider ist das nicht immer so. Nach einer Weile fragte ich meinen Freund, wie sie zusammen diese Situation zum Feierabend bewältigt hätten.

„Mir wollte er anfangs ebenfalls nicht helfen. Da bin ich dann zum Personalchef gegangen und habe mich beschwert, allerdings erst nach der Probezeit. Nur so wurde die Sache aus der Welt geschaffen." In meinem bisherigen Leben hatte ich viele verschiedene Charaktere kennengelernt.

Darum zögerte ich nicht, den direkten Kontakt zu meinen neuen Kollegen aufzunehmen, weil ich daran glaubte, diesen Konflikt mit ihm lösen zu können. Er machte seine Arbeit als Monteur wirklich gut. Daher lobte ich ihn gelegentlich und gewöhnte mich mit der Zeit an seinen Arbeitsablauf. Nach und nach ließ ich ihn jedoch wissen, dass es schön wäre, wenn er zum Feierabend noch mit anpacken könnte. Er wurde mit der Zeit einsichtiger und half mir wenigstens ab und zu mal. Zu zweit brauchten wir keine zehn Minuten. Der Raum, in dem die Geräte abgestellt und gelagert wurden, war vom

Parkplatz etwa zweihundert Meter entfernt. Die unnötige hin- und her Schieberei der schweren Geräte war teilweise sehr anstrengend und vor allem zeitaufwendig. Allein benötigte ich gut die doppelte Zeit dafür.

Aber seine Hilfestellung zum Feierabend endete schon nach wenigen Wochen. Obwohl wir uns sonst zu einem eingespielten Team entwickelt hatten, stellte ich ihn irgendwann vor die Wahl, denn mir reichte es.

„Kollege, entweder hilfst du mir oder du gehst direkt zu der Verkäuferin und lässt mich mit dem Lkw selbstständig vor dem Tor halten, damit ich die Geräte schnell abladen kann. Zwar würde ich dann mit dem Lkw einen Moment lang die Einfahrt zum Parkplatz blockieren, aber ich würde die Sache selber in die Hand nehmen und das klären. Davon ab, ist sowieso nicht so viel Verkehr hier auf dem Gelände. Andernfalls sehe ich mich gezwungen, zum Personalchef zu gehen und diese Problematik anzusprechen."

Daraufhin sagte er: „Wenn der Lagerleiter davon erfährt, wirst Du eine Menge Ärger bekommen und wenn du auch noch zum Personalchef gehen solltest, dann schießt du dir ein Eigentor". Allein die Ansprache fruchtete anscheinend bei ihm, denn von nun an ließ er mich auf eigene Faust vor dem Tor halten, während er unterdessen den Papierkram erledigte. Nie hatte ich Schwierigkeiten während des Abladens mit einem Autofahrer, geschweige denn mit dem Lagerarbeiter, der sich zu dieser Zeit ohnehin überwiegend im Laden und nicht im

Lager aufhielt. In gerade einmal fünf Minuten war ich fertig und durfte danach Feierabend machen.

Mein Kollege duldete über mehrere Wochen diese Prozedur und ich duldete sein ständiges Meckern über Gott und die Welt. Für ihn gab es jeden Tag unzählige Gründe, unzufrieden zu sein. Ich hingegen war voller Elan und Motivation.

Darüber hinaus hatte er zudem beschlossen, dass nur noch ich den ganzen Tag fahren sollte, obwohl wir uns zuvor immer abgewechselt hatten. Zwei Welten, die unfreiwillig aufeinandertrafen. Wir waren wie zwei unterschiedliche Planeten. Ich wie die Erde, er war der Mars. Jetzt wusste ich, warum mich die anderen Kollegen vor ihm gewarnt hatten.

Irgendwann wollte er mir diese Vorgehensweise erneut verbieten und machte mir andauernd eine Szene, bis ich irgendwann das Gefühl hatte - dass wir nicht zusammen - sondern gegeneinander arbeiteten.

Ein paar Tage später reichte es mir endgültig und ich ging zum Personalchef und erzählte ihm davon. Natürlich in der Hoffnung, dass er diese Angelegenheit schlichten bzw. klären würde. Er hörte mir aufmerksam zu. Beim Reden wurde ich mal wieder von oben bis unten gemustert.

In den darauffolgenden Tagen wurde mein Kollege mehrmals nach Feierabend zum Personalchef zitiert. Ich wusste allerdings nicht, worüber sie sprachen.

Gut eine Woche, nachdem ich den Personalchef über diese für mich unangenehme Situation informiert hatte, wurde ich ebenfalls nach Feierabend zu ihm gerufen. Gedankenverloren lief ich die Treppen hoch und stand vor seinem Zimmer. Er bat mich hinein und ich setzte mich. Seine Worte gingen mir durch Mark und Bein, denn ich war nicht im Geringsten auf das vorbereitet, was im nächsten Moment passieren würde:

„Sie sind wirklich ein fleißiger und zuverlässiger Kollege. Leider passt die Chemie untereinander nicht. Sie befinden sich noch in der Probezeit. Daher muss ich Ihnen leider mit sofortiger Wirkung kündigen."

Seine Worte dröhnten in meinem Schädel. Worte, die sich anfühlten, als ob sie meine Seele auffraßen. *Hatte ich wirklich grade richtig gehört?* Ich war geschockt und wie betäubt zugleich. Mit allem hatte ich gerechnet, doch diese Nachricht kam völlig unerwartet. Innerlich kochte ich vor Wut und war stinksauer. Trotzdem versuchte ich Ruhe zu bewahren. Ich stotterte irgendetwas, verließ aber kurze Zeit später niedergeschlagen den Raum.

Heute weiß ich nicht mehr, was ich gesagt habe. Es war vermutlich ohnehin bedeutungslos. Die Würfel waren gefallen. *Wer weiß schon, was ihm erzählt worden war?* Der

Personalchef hatte sich jedenfalls gegen mich entschieden. Was ich nur noch machen sollte, war die Kündigung zu unterzeichnen und den Spindschlüssel abgeben. Schweigend schüttelten wir uns zum Abschied die Hände. Statt nach einer Konfliktlösung zu suchen, wurde ich einfach gefeuert. Später im Lager, wo ich meinen Spind leerräumte, wollte ich den Kollegen keines Blickes mehr würdigen und verabschiedete mich nur stumm.

Mir blieb buchstäblich vor Wut die Spucke weg und als ich zu Hause ankam, war ich mir nicht sicher, ob das nur ein schlechter Traum gewesen war oder die Realität. Nach einer Weile schaute ich mich im Spiegel an und stellte fest, dass das strahlende Licht in meinen Augen erloschen war. Starke Kopfschmerzen überfielen mich und alles schien auf einmal grotesk und lächerlich. Niedergeschlagen ging ich unter die Dusche. Ich hatte weder Appetit noch Hunger.

Vor Wut tobte ich, konnte nicht fassen, den Job urplötzlich verloren zu haben, wo ich doch so motiviert und voller Elan dabei gewesen war. Ich schrieb meine dunklen Gedanken auf einen Zettel, den ich anschließend verbrannte. Nur so gelang es mir, ein wenig zur Ruhe zu kommen, auch wenn der triumphierende Blick des Kollegen noch lange in meinem Kopf haften blieb Ruhe zu kommen, auch wenn der triumphierende Blick des Kollegen noch lange in meinem Kopf haften blieb.

Kapitel 20

Der gesunde Menschenverstand meiner Freundin kam mir zu Hilfe. Sie versuchte, jede Sorge von mir fernzuhalten. Es galt wieder Ordnung herzustellen. Ich musste die Tatsache, ob ich wollte oder nicht, hinnehmen. Schon bald informierte ich den „Chinamann", dass ich ab sofort wieder öfter einspringen könnte, sogar unter der Woche. Da er neben dem Imbiss weitere zwei Pizzerien hatte, freute er sich darüber und ich war willkommen.

Ohnehin hatte ich in den letzten Monaten viele Ausgaben und deshalb musste ich schnell wieder Geld verdienen. Am Montag fand ich mich beim Arbeitsamt ein und konnte es kaum fassen, dass ich hier war. Wieder hatte ich das Gefühl, nicht zu wissen, wo mir mein Kopf stand und wo ich anfangen sollte. Immer diese Veränderungen und immer diese Höhen und Tiefen in meinem Leben.

Nachdem man meine Daten aufgenommen hatte, sagte die Dame am Schalter noch: „Schade eigentlich. Hätten Sie drei Monate länger gearbeitet, dann hätten Sie nun Anspruch auf Arbeitslosengeld. Aber vielleicht finden Sie ja schnell eine neue Arbeit." Das spornte mich nur an. Nicht wegen des Bezuges von Arbeitslosengeld, sondern weil es mein persönlicher Wunsch war, wieder eine Vollzeitstelle zu bekommen.

Mein Tagesablauf geriet vorübergehend aus der Bahn. Die negativen Gedanken lösten negative Gefühle in mir aus. Diese wiederum hatten einen direkten Einfluss auf jede Zelle meines Körpers. Die Intensität meiner Strahlkraft ging verloren, was in meinem Umfeld natürlich nicht unbemerkt blieb. Trotzdem wollte ich den Kopf nicht hängen lassen und schon gar nicht in eine Abwärtsspirale geraten. Nach drei Tagen fertigte ich zwei Bewerbungen auf Stellenangebote, die ich zufällig in der Tageszeitung entdeckt hatte. Einmal in der Produktion und einmal im Garten- und Landschaftsbau.

Tatsächlich bekam ich kurz darauf eine Antwort und wurde nach nur einer Woche zum Vorstellungsgespräch eingeladen.

Der Firmeninhaber schaute mich zunächst an und richtete seinen Blick gleich danach auf meine Bewerbungsunterlagen. Dann wollte er wissen, ob ich schon einmal in Bereich Landschaftspflege gearbeitet hätte und vor allem, wie lange ich schon Lkw fahren würde. Ich erzählte ihm, dass ich schon seit über acht Jahren im Besitze eines Lkw-Führerscheins war.

„Zwar habe ich in dem Bereich noch nie gearbeitet, allerdings denke ich, dass es mir nicht schwerfallen wird, mich hier einzuarbeiten und diese Tätigkeit erfolgreich auszuüben", antwortete ich.

Mein Gegenüber hielt mir einen Vortrag über die Firma und unterrichtete mich über die verschiedenen Tätigkeiten. Dann wurde es spannend und er erzählte weiter: „Ich bin ein weltoffener Mensch, aber man kann unschwer erkennen, dass Sie keine deutschen Wurzeln haben, trotz dass Sie akzentfreies Deutsch sprechen. Ich habe da einen Mitarbeiter, der Ihnen eventuell mit blöden Kommentaren kommen könnte. Falls das tatsächlich einmal vorkommen sollte, dann lassen Sie mich das unbedingt wissen und ich werde das dann klären." „Bevor ich zu Ihnen komme, würde ich stattdessen das selbst in die Hand nehmen", gab ich zurück.

„Wäre es für Sie in Ordnung, wenn Sie zunächst im Rahmen eines Probearbeitstages schauen, ob Ihnen die Arbeit gefällt?"

„Selbstverständlich" platzte es aus mir heraus.

„In Ordnung, dann seien Sie morgen früh um sieben Uhr hier", sagte er abschließend.

Am nächsten Tag ging ich dann probeweise arbeiten. Zusammen mit einem Kollegen sollten wir in etwa vierzig Kilometern Entfernung Baumstämme schreddern.

Auf kilometerlangen Straßen hatten andere Kollegen bereits etliche Haufen an Baumästen hinterlassen, die nun beseitigt werden mussten.

Ein Schredder bzw. Häcksler ist ein mechanisches Gerät zum Zerkleinern von Pflanzenteilen. Wird zum Beispiel der Ast eines

Baumes in den Schredder gegeben, wird dieser durch Zerreiben, Zermahlen, Zerreißen, Zertrümmern oder Zerschneiden in winzige Stücke zerkleinert. Das Ergebnis wird Schredder Gut genannt - im Fall von Holz auch Hackgut oder Hackschnitzel.

Wir saßen in verschiedenen Fahrzeugen. Ich sollte dem Kollegen mit meinem Lkw folgen. An seinem Lkw war ein Buschhacker angekuppelt. Falls seine Ladefläche zu voll werden sollte, würde das Hackgut meine Ladefläche befüllen.

Zum Feierabend wurde alles zu einem angemieteten Platz in der Nähe des Betriebsgeländes transportiert, dort entladen, gelagert und verkauft. Als wir die vielen Haufen, die immer einen gewissen Abstand zueinander hatten, erreichten, begann die schwere körperliche Arbeit. Unterdessen hatte ich meinen Lkw auf einem sicheren Parkplatz abgestellt und war beim Kollegen eingestiegen, der dann mit dem Buschhacker so nah wie möglich an die Haufen ranfuhr. Dann stiegen wir beide aus und beförderten in den nächsten acht Stunden gefühlte zweihundert Haufen Grünabfall in den Schredder – in Akkordzeit versteht sich und nur mit einer Stunde Pause dazwischen.

Zwar achtete ich stets darauf, beim Aufnehmen mehrerer Äste in die Knie zu gehen, trotzdem bekam ich durch die ungewohnte Arbeit nach nur wenigen Stunden Rückenschmerzen.

Ohnehin hatte ich schon „Rücken" von der Schlepperei in meinem letzten Job.

Nach neun Stunden fuhren wir zu der Stelle, an der die Lkws entladen wurden. Der Chef war ebenfalls anwesend und fragte mich, ob mir denn die Arbeit gefallen habe.

„Gewiss ja", antwortete ich. Er duzte mich plötzlich:

„Kannst Du dir auch vorstellen, mit der Zeit einen Motorsägen Schein zu machen?"

„Da wäre mir die Verletzungsgefahr eindeutig zu hoch", antwortete ich, denn vor diesen Geräten hatte ich riesen Respekt.

„Kein Problem", lächelte er. „Fang erst einmal an und dann kannst Du es dir immer noch überlegen. Den Vertrag kannst du gleich im Anschluss unterschreiben und Anfang nächster Woche starten."

Mein Glück konnte ich kaum fassen. Unter anderem dank meines Lkw-Führerescheins hatte ich den Job bekommen, der überdies auch noch gut bezahlt wurde.

Mein neues Arbeitsverhältnis war unbefristet, allerdings mit drei Monaten Probezeit.

Erneut freute ich mich über meinen Erfolg, schon nach nur wenigen Tagen Arbeitslosigkeit eine neue Arbeit gefunden zu haben. In den drauffolgenden Tagen lösten sich meine dunklen Gedanken zum Glück immer mehr in Luft auf und meine Dankbarkeit und Gebete richteten sich nach wie vor an den lieben Herrn.

Dann war es soweit und erneut sollte mein erster, offizieller Arbeitstag beginnen. Eine gewisse Nervosität überfiel mich erneut, als ich mich auf den Weg zur neuen Firma machte.

Denn gerade zu Beginn empfindet man vieles als unangenehm, weil man weder die Kollegen, den Vorgesetzten, noch die Arbeit oder die Abläufe kennt. Klar wünscht man sich bereits am ersten Tag, als Teil des Teams angesehen zu werden.

Frühzeitig kam ich an und schaute nur flüchtig in die Gesichter der neuen Kollegen. Dann sah ich meinen Vorgesetzten, der gerade dabei war, kniend einen Benzinkanister mit Sprit zu befüllen. Es war gerade einmal 6.30 Uhr und es herrschte bereits große Hektik. Jedenfalls sah es danach aus.

An meinem Probearbeitstag hatte ich ja nur einen einzigen Kollegen kennengelernt, alle anderen waren mir fremd. Ein „Guten Morgen" kam aus meinem Mund - aber es kam keine Reaktion - von niemandem. Eine heikle Situation, welche ich noch nie zuvor hatte. *Sollte ich das gleich persönlich nehmen*, fragte ich mich? *Nein, lieber nicht.* Schließlich wurden mehrere Gruppen gebildet, die dann in verschiedenen Baustellen zugeordnet wurden. Mit mir fingen an diesem Tag noch zwei weitere, neue Mitarbeiter an. Zusammen mit einem weiteren Neueinsteiger und dem Kollegen vom Probearbeitstag, bildeten wir eine Gruppe.

Alles verlief sehr hektisch und ein wenig chaotisch. Gesprochen wurde kaum miteinander. In der letzten Firma verlief die Vorbereitung auf die anstehende Arbeit weitaus entspannter. Nachdem alle Geräte und Werkzeuge, die wir für die anstehende Arbeit benötigten, aufgeladen worden waren, wurde uns eine Karte in die Hand gedrückt, worauf markierte Straßen zu erkennen waren, in denen wir arbeiten sollten.

Da nun eine Stunde Fahrt vor uns lag, stellten wir uns alle Mann vor. Hans, den ich schon kannte, erzählte uns, dass der Fahrer jeweils beide Fahrten bis zur Baustelle vergütet bekäme. Alle anderen hingegen würden nur eine Fahrt bezahlt bekommen.

Außerdem ließ er uns wissen, dass der Firmeninhaber viel von jedem einzelnen erwarten würde – und zwar immer und jederzeit. Im Vertrauen ergänzte er später noch: „Immer mehr Aufträge werden angenommen, aber an Personal wird natürlich gespart. Daher muss jeder nahezu das Pensum für zwei bringen und weitaus mehr schaffen als normal." Mit diesen eher unschönen Informationen fiel der Einstieg auf die neue Arbeit nicht gerade leicht.

Später erreichten wir unseren Zielort.

Der ältere Bruder des Personalchefs war uns gefolgt und wollte sich ein Bild von der Arbeit machen.

„Ich habe keine Erfahrungswerte", sagte der Miteigentümer der Firma, „daher weiß ich nicht, wie viele Bäume ihr zu dritt in acht Stunden schaffen könnt. Fangt mal an und seht zu, wie ihr das zu dritt am besten macht." Normalerweise ist eine gute Einarbeitung neuer Mitarbeiter unerlässlich. In dem Fall gab es lediglich eine kurze Ansage, was jeder zu machen hatte.

Zunächst wurde der Arbeitsbereich durch Straßenschilder gesichert. Dann nahmen sich die beiden Kollegen jeweils eine Motorsäge. Jeder von ihnen knüpfte sich einen Baum vor und schnitt die Äste, die bis zur Erde reichten, ringsum ab.

Mit dem Auftraggeber war vereinbart, dass alle Äste bis auf zwei Meter Höhe zu entfernen sind. Ich war das letzte Glied in der Kette und meine Aufgabe bestand darin, die übriggebliebenen Äste bis auf zwei Meter Höhe mit der Teleskopsäge zu entfernen.

Danach beseitigte ich alle um den Baum liegenden Äste mit einer Forke und verfrachtete alles auf der Ladefläche des Transporters. Die Bäume standen jeweils in einem Abstand von vier bis fünf Metern zueinander.

Sobald ich mit zwei Bäumen fertig war, fuhr ich den Transporter weiter und die schweißtreibende Arbeit nahm von neuem seinen Lauf.

Natürlich war die Arbeit ungewohnt, aber wie schon erwähnt, lernt man nie aus. Bekanntlich gewöhnt man sich an fast alles und mit etwas Übung war auch das zu schaffen – nämlich Baumpflegemaßnahmen in Akkordzeit. Bereits am frühen Morgen bildeten sich Schweißperlen nicht nur im ganzen Gesicht, sondern am ganzen

Körper. Mein Herz pochte, denn ich schuftete auf Hochtouren. Dementsprechend hatte ich oft das Gefühl, nicht hinterherzukommen. Die Kollegen waren immer zehn Bäume voraus. „Da muss erst Routine rein", hieß es später.

Zur Pause befanden wir uns zu dritt im Wagen und ich saß ziemlich entkräftet hinten. Ich zog mich zurück, um mein Essen zu genießen. Zwar versuchte ich etwas runterzufahren, um neue Kraft zu sammeln, aber Hans redete ununterbrochen. Er redete ohne Punkt und Komma und schimpfte ständig über die beiden Chefs, über die Arbeit und einen anderen, mir noch unbekannten Kollegen. Abschalten war leider nicht möglich. Nach dreißig Minuten war die Pause wieder zu Ende.

Kaum waren wir wieder draußen, rannten beide auch schon zu den nächsten Bäumen. So hatte ich erneut das Nachsehen und kam kaum hinterher. Das ging so weiter bis zur nächsten Pause.

„Du musst den Haufen auf der Ladefläche niedertrampeln, damit wir noch mehr Grünschnitt mitnehmen können", feuerte Hans mich an.

„Wird gemacht", antwortete ich, obwohl ich ohnehin zeitlich eingespannt war. In der Pause redete er erneut ohne Ende. Er war so redefreudig, dass ich langsam aber sicher anfing, mich über ihn zu ärgern. An meinem Probearbeitstag war mir das gar nicht aufgefallen, denn da verbrachten wir die Pause nicht zusammen. Nicht nur die ungewohnte, schwere und körperliche Arbeit raubte mir die Energie, auch sein dauerndes Gequassel zu ertragen, kostete mich Kraft und ging mir auf die Nerven, weil ich alles ungewollt aufnehmen musste.

Entsprechend erschöpft war ich, als es auf den Feierabend zuging. Aber zuvor mussten noch alle Werkzeuge aufgeladen, das Anhängernetz ordnungsgemäß angebracht und die Verkehrsschilder aufgesammelt werden.

Der lange Stau auf dem Rückweg verursachte zusätzlich schlechte Laune in mir, denn dadurch gingen weitere dreißig Minuten verloren, die ich als Beifahrer nicht bezahlt bekam. Außerdem wollte ich noch was vom Tag haben und nicht erst gegen Abend zu Hause sein.

Nach dem Abladen fuhren wir aufs Betriebsgelände. Der Personalchef kam lächelnd auf mich zu und wollte wissen, wie mein erster offizieller Arbeitstag verlaufen sei.

„Passt schon", antwortete ich nur kurz wie ein Bayer und wollte auch gar nicht länger reden. Ausgelaugt und erschöpft, wie ich war, zog es mich nur noch nach Hause. Zu meinem großen Entsetzen stellte ich später fest, dass ich erst nach elf Stunden wieder daheim war - mir wurden aber tatsächlich nur lächerliche acht Stunden bezahlt. Nach der Dusche ging ich schon bald ins Bett, denn ich war todmüde.

Wie heißt es doch sprichwörtlich so schön: Aller Anfang ist schwer. Ein neuer, langer und harter Tag unter grauen Wolken sollte anstehen und ich hatte null Motivation. Trotzdem zwang ich mich aus den Federn und machte mich startklar.

Dabei dachte ich an die letzte Woche, in der ich jeden Tag weitaus motivierter zur Arbeit gegangen war. Trotz des Gefühls, dass der „alte Hase" gegen mich arbeitete. Jedoch muss ich zugeben, dass die Arbeit viel angenehmer war.

Vergnügen und Arbeit sind aber zwei unterschiedliche Dinge. Egal ob man einer Arbeit gerne oder nicht so gerne nachgeht.

Sie muss gemacht werden, denn schließlich wollen Kaffee, Strom, Miete und Co. bezahlt werden.

Bei der Arbeit angekommen, erwartete mich das gleiche Szenario wie am Vortag. Alle benötigten Werkzeuge und Verkehrsschilder wurden hektisch aufgeladen. Erneut entstand Chaos und die Kollegen huschten mit grimmigen Gesichtern eilig hin und her. Nach nur wenigen Minuten fuhren wir als erste Truppe vom Hof. Unser erstes Ziel war eine Tankstelle, bevor wir zur einstündigen Fahrt zum Einsatzort aufbrachen. In aller Frühe war ich noch gar nicht richtig wach, schon bombardierte uns Hans ununterbrochen mit seinem Gebrabbel in aller Herrgottsfrühe. Der Beifahrer nickte nur hin und wieder schweigend. Gelegentlich wenn er mal zu

Worte kam, sprach er ebenfalls ein wenig. Ich hingegen sagte nur das allernötigste. Ab dem dritten Tag schloss ich sogar die Augen und versuchte, bis zur Baustelle vor mich hin zu dösen. Aber dafür hätte ich eigentlich einen Hörschutz gebraucht, denn der Kollege übertönte alles.

Bei unserer Ankunft sicherten wir unseren Arbeitsbereich zunächst durch Straßenschilder ab, bevor die Motorsägen mit Diesel befüllt wurden. Mit folgenden Worten trieb man uns an: „Gestern haben wir gerade einmal neunzig Bäume geschafft. Das fand der Chef überhaupt nicht zufriedenstellend. Heute müssen wir wesentlich mehr schaffen, schließlich sind es insgesamt fünftausend Bäume, die gemacht werden müssen. Dafür haben wir grade einmal drei Monate Zeit." Ich dachte, ich höre nicht richtig und schlug vor: „Vielleicht sollte einer von euch zusätzlich mit der Teleskopsäge arbeiten, denn ich komme kaum hinterher."

„Wir belassen das erst einmal weiter so und schauen, wie wir vorankommen", meinte Hans, bevor er eilig zum nächsten Baum rannte. Vom Gefühl her war mir, dass sich die Kollegen mit der rasanten Schnelligkeit übertrumpfen wollten. Mein Herz pochte erneut wie wild und es kam mir in den frühen Morgenstunden vor, als seien wir auf der Flucht, statt auf der Arbeit. Wehmütig dachte ich an meinen letzten Job zurück und vermisste die schönen Häuser und Wohnungen, die ich während der Arbeitszeit bewundern und bestaunen konnte.

Dazu fehlten mir die anregenden, interessanten Gespräche, die ich neben der Arbeit mit den Kunden führen konnte.

Bei dem schnellen Arbeitstempo kam bald die erste Pause. Pausen sind wichtig - normalerweise entspannen und helfen sie bei der Regenerierung von Geist und Körper. Aber schon nach kurzer Zeit ging das Gequatsche wieder los und dementsprechend war das Abschalten unmöglich. Hans redete ständig über die Arbeit und zog dabei so manche Kollegen durch den Dreck. Außerdem lästerte er oft und gerne über die Firmeninhaber und erzählte mehr aus seinem Privatleben, als wir wissen wollten.

Ich habe den Eindruck, dass viele Menschen im Laufe ihres Lebens „verholzen" - einige früher und manche später.

Im verholzten Menschen hat sich eine Persönlichkeit so sehr verfestigt, dass sie keine Updates mehr erhält und nicht mehr hinterfragt wird. Der verholzte Mensch weiß, wie die Welt ist. Sie ist einfach so, wie er sie sieht und nicht anders. Den Verholzten kann man nicht mehr verbiegen. Wenn, dann verbiegt er andere. Der Verholzte weiß einerseits, wie die Welt ist, andererseits muss er seine Vorstellung immer wieder verteidigen, damit sie nicht über den Haufen geworfen wird. Also muss er sprechen, denn im Reden behält er die Kontrolle.

Es kann sowieso nur seiner eigenen Meinung zustimmen, denn das ist die einzig richtige. Wozu also sollte das Gegenüber noch sprechen? Er kennt dessen Meinung sowieso schon, es ist schließlich die gleiche wie seine eigene. Und der Zuhörer findet seine Gedanken über Gott und die Welt sehr anregend und lehrreich - denkt er zumindest.

Nach der kopfzerbrechenden Pause nahm die schweißtreibende Hetzerei erneut seinen Lauf. Als ich dann irgendwann gerade etwas aufgeholt hatte und den Abstand zu den beiden Kollegen verkürzen konnte, erinnerte ich Hans daran, es doch mal zu versuchen, die Teleskopsäge untereinander auszutauschen.

„Alles klar, machen wir jetzt mal", stimmte er endlich zu.

Fortan lief der andere Neueinsteiger damit voraus und Hans mit der Motorsäge hinterher. Da ich nun diese zeitaufwendige Arbeit nicht mehr permanent machen musste, war ich beinahe doppelt so schnell wie vorher und verkürzte meinen Abstand zu den anderen. Die Forke war von nun an mein „bester Freund" und ich schaufelte in Rekordzeit die Haufen zusammen.

Die Zeit rannte nur so dahin und tatsächlich kamen wir schneller voran. Am Ende des Tages zogen wir Bilanz:

Wir hatten mehr geschafft als am Tag zuvor und lagen diesmal bei hundertneunzehn Bäumen. Am nächsten Tag wechselten sich die beiden Kollegen die Teleskopsäge nur noch untereinander ab und wir übertrafen das Ergebnis erneut.

Irgendwann schafften wir sogar einhundertsechzig Bäume. Hans ging immer am Ende des Tages voller

Stolz zum Firmeninhaber, um ihm unsere Ergebnisse mitzuteilen. Aber der dachte wahrscheinlich nur an den Profit, statt uns Arbeiter zu loben.

„Hans, lass uns mal einen Gang zurückschalten. Schließlich bekommen wir keinen Akkordlohn", sagte ich entkräftet. Endlich nach einigen Wochen erst, sah er ebenfalls ein, dass es sinnlos war, dass wir uns zu Tode ackerten.

Nach vier Wochen wurde unsere Gruppe durch einen weiteren Mann ergänzt. Jedoch erwartete man von uns jetzt mindestens zweihundert Bäume am Tag. Wehe, wenn wir das Stückzahl mal nicht schafften, dann brannte die Hütte. Auch ansonsten waren die Atmosphäre und das Betriebsklima alles andere als gut. Es gab viele Miesmacher innerhalb der Firma und jeden Tag guckten die meisten wie „sieben Tage Regenwetter". Tatsächlich waren alle überarbeitet und komplett unzufrieden. Der neue Kollege in unserer Gruppe hielt dem Arbeitsdruck nicht länger stand und kündigte freiwillig nach nur vier Wochen. *Kein Wunder bei diesen Zuständen*, dachte ich mir und fragte mich, ob ich mir lieber etwas anderes suchen sollte. Biss jedoch die Zähne zusammen und zog mein Ding durch.

„Wenn der Auftrag erledigt ist, dann erwartet euch eine fünf Kilometer lange Hecke. Da könnt ihr euch so richtig mit der Heckenschere austoben", ließ mich der Teilhaber der Firma wissen, als ich mit ihm freiwillig an einem Samstag zusammenarbeitete. Die noch verbliebenen tausend Bäume wurden in den kommenden Wochen von uns zurechtgeschnitten und hübsch gemacht. Gut zwei Wochen früher als geplant war der Auftrag erledigt.

Es war üblich, dass gelegentlich alle Trupps während der Pause von dem Firmeninhaber kontrolliert wurden. Denn wie heißt es so schön: „Vertrauen ist gut - Kontrolle ist besser." Es wurde geprüft, ob man länger Pause machen würde als erlaubt. Dabei wurde der Firmeninhaber gelegentlich bei dieser heimlichen, unschönen Überwachungsaktion von den Kollegen gesehen.

Aus Trotz folgte von einem langjährigen Kollegen darauf, der den Chef versteckt in einer Nebenstraße in seinem Auto sah, eine zweiwöchige Krankmeldung.

Die Gegenreaktion war Vertrauensbruch und somit eine schriftliche Abmahnung. Bis dann die Ehefrau des Kollegen in die Firma kam und den Chef obendrein beleidigte. Daraufhin folgte die Kündigung.

Jedenfalls wurden wir nun anders aufgeteilt und ich sollte ab sofort andere Tätigkeiten übernehmen. Dadurch lernte ich weitere Kollegen kennen. Einer davon arbeitete seit über vier Jahren für die Firma. Nach außen hin zeigte er immer seine harte Schale, aber mit der Zeit entpuppte sich sein weicher Kern.

„Eigentlich wollte ich verhindern, dass ihr zusammenarbeitet", sagte mir der Chef, „aber es lässt sich nicht anders einrichten. Deswegen wirst du mit ihm und einen weiteren, neuen Kollegen zusammenarbeiten. Denk an meine Worte, die ich dir zu Beginn sagte."

Mein neuer Kollege hieß Tom, war nur ein paar Jahre jünger als ich und fast zwei Köpfe kleiner. Sein Gesicht ähnelte dem eines türkischen Komödianten, den ich aus dem Fernsehen kannte. Der ältere Kollege hieß Wolfgang und war schon Anfang sechzig. Ich freute mich, dass nach langen Wochen endlich andere Arbeiten auf mich zukamen. Wir luden die benötigten Werkzeuge auf, man erklärte uns den Weg zur Baustelle und wir wurden darauf hingewiesen, dass wir immer gemeinsam zur Baustelle hin- und wieder zurückfahren sollten. Tom jedoch bat den anderen Kollegen unter vier Augen schon einmal mit seinem Fahrzeug vorzufahren. In der Zwischenzeit hielt Tom unterwegs an, um sich frisch belegte Brötchen und einen Kaffee zu holen.

Als wir nach gut dreißig Minuten auf der Baustelle ankamen, war Wolfgang zunächst nicht auffindbar. Schon wurde gemutmaßt, dass er für den Job ungeeignet war. Tom erklärte mir unterdessen, was zu machen sei. Er zeigte mir eine Karte mit etlichen Straßen, in denen Bäume gekennzeichnet waren und sagte: „Bäume entlang von Straßen verschönern zwar das Landschafts- und Ortsbild, aber ein Überwuchs kann die Sicherheit und Befahrbarkeit des Straßenverkehrs und der Fußgänger auf Gehwegen beeinträchtigen. Zudem kann der Überwuchs der Bäume Schäden an Fahrzeugen verursachen. Aus diesem Grund sollte man regelmäßig das Lichtraumprofil freischneiden, so dass Fahrzeugen ein gefahrloses Befahren der Straßen möglich ist. Zuerst müssen wir dafür Sorge tragen, dass Verkehrssicherheit gegeben ist. Für die Freihaltung des Luftraums über der Straße sind wir ebenso verantwortlich. Daher muss der Verkehr unbedingt von euch beiden gestoppt werden, bis ich von oben das Okay gebe, dass die Straße wieder freigegeben werden kann. Die heruntergefallenen Äste stapelt ihr schnell zu einem Haufen und sobald ich mit dem Hubwagen wieder unten bin, geht es weiter zum nächsten, markierten Baum."

Als Wolfgang dann nach weiteren zwanzig Minuten auftauchte, entschuldigte er sich aufgebracht bei Tom. Er hatte sich verfahren und Sorge, unseren Einsatzort nicht rechtzeitig zu finden. Um keine weitere, wertvolle Zeit zu verlieren, sollte Wolfgang vorfahren und am ersten markierten Baum anhalten.

Ich stellte zunächst um den Arbeitsbereich ein paar Pylone (Warnkegel) auf. Tom schnappte sich die Motorsäge und fuhr anschließend mit der Hubarbeitsbühne nach oben zu den abstehenden Ästen. Von oben gab er uns zu verstehen, dass wir den Verkehr anhalten sollten. Er schnitt in Windeseile alle Äste ab, die dem Verkehr gefährlich werden könnten. Ebenso wurde totes Holz von ihm entfernt.

Wir hielten jedes Mal einen gewissen Sicherheitsabstand ein, denn dieses Prozedere war nicht ganz ungefährlich.

Gerade wenn große Äste auf die Straße krachten und blitzschnell zur Seite sprangen, wurde es brenzlig.

Erst nachdem Tom mit seiner Arbeit fertig war, legten wir los und die Äste wurden am Straßenrand zu einem Haufen gestapelt, der hinterher von anderen Kollegen geschreddert werden konnte.

In dieser Gruppe bildete ich ebenso das letzte Glied, nahm den Elektro-Laubsauger und pustete den Arbeitsbereich frei. Erst danach eilte ich zum nächsten Baum. Wolfgang war bereits vorgefahren und hatte den Steiger am nächsten Baum positioniert. Kurze Zeit später kam der Chef vorbei und kritisierte, dass alle Haufen „scheiße gestapelt" seien. Aber kein Mensch hatte uns zuvor darauf hingewiesen, dass die Äste immer mit dem Astende zur Straße hin - und zwar mit einem gewissen Abstand - zu stapeln sind. Denn nur so waren sie gut greifbar.

Nachdem wir seinen Anweisungen Folge geleistet und unseren Fehler korrigiert hatten, fragte ich Wolfgang: „Wieso tust du dir diesen Job in deinem Alter überhaupt noch an?"

„Das weiß ich selbst nicht, aber eins ist jetzt schon klar. Nämlich, dass ich den Job nicht mehr länger machen werde."

Wolfgang wurde mein neuer Gesprächspartner. Er ließ mich an seiner Lebenserfahrung teilhaben und bereicherte mich mit seinem Wissen. Ganz besonders positiv war, dass wir während der Arbeitszeit viel Spaß zusammen hatten. Aber irgendwann fühlte sich Tom ausgeschlossen und schimpfte aufgebracht: „Ich knechte da oben bei Wind und Wetter wie ein Weltmeister und ihr habt da unten ein schönes Leben und lacht, was das Zeug hält." Dabei entging mir nicht, dass er jedes Mal, wenn er sich aufregte, nicht mich, sondern immer nur Wolfgang anschaute. Das ging so weit, dass Tom sogar in den Pausen den alten Kollegen schlecht bei mir machte. Es war ihm wohl ein Dorn im Auge, dass wir uns so gut verstanden.

Später bezogen wir Tom öfter in unsere Gespräche mit ein und die Gesamtlage wurde dadurch etwas harmonischer. Immer häufiger führten wir anregende Gespräche über Gott und die Welt. Toms großes Hobby waren Autos und an seinen freien Tagen bastelte er viel daran herum.

Die Tage vergingen wie im Flug, die Wochen ebenso. Wolfgang, der nicht mehr der Jüngste war, litt immer mehr unter der schweren Arbeit und ließ mich irgendwann erneut wissen, dass er das nicht mehr länger machen werde.

Kurz darauf fiel er aus und war für drei Wochen krankgeschrieben. Weil ich im Besitz eines Lkw-

Führerscheins war, übernahm ich während seiner Abwesenheit seinen Posten. Nach einer kurzen Unterweisung wurde der Steiger „mein neues, großes Baby.".

„Du machst das definitiv viel besser und vor allem schneller", lobte mich Tom gleich am ersten Tag. „Es hat Ewigkeiten gedauert, bis Wolfgang vom Fahrzeug aus überhaupt die Markierungen an den Bäumen gesehen hat." Die Gesellschaft von Wolfgang fehlte mir dennoch, aber auch seine helfenden Hände. Denn von nun an war ich ganz allein und musste doppelt so viel arbeiten, und zwar in einem erheblichen Tempo.

„Feuer, Feuer", versuchte Tom mich anzuheizen, aber immer auf freundliche Art und Weise. Nie verloren wir den Respekt voreinander und er war das genaue Gegenteil von dem, was mir der Chef anfangs über ihn erzählt hatte. Von Ausländerfeindlichkeit war jedenfalls nichts zu spüren.

Nie hätte ich gedacht, dass Wolfgang zurückkommen würde.

Die Wiedersehensfreude war so groß, dass ich zum Feierabend Bauchweh vom vielen Lachen bekam. Jedoch schon am nächsten Morgen kam die bittere Enttäuschung - denn ich sollte diesmal mit einem anderen - mir noch fremden Kollegen zusammenarbeiten. Wolfgang hingegen fuhr mit Tom allein raus.

Der neue Kollege war mir äußerst unsympathisch. Schon am Morgen - und das änderte sich über den ganzen Tag hinweg nicht - machte er ein grimmiges Gesicht.

Andere Kollegen hatten mehrere Bäume auf einem Bauernhof klein gesägt. Nun lag das ganze Gelände voll mit dicken, ineinander verkeilten Baumästen. Zusammen sollten wir alles schreddern und das den ganzen, langen Tag. Er wollte, dass ich ihm die Äste, die ich zuvor unter großer Anstrengung aus dem Haufen zog, über den Zaun rüberreichte, damit er diese dann bequem schreddern konnte. Das kann er sich schön abschminken, dachte ich mir.

„Wir können uns abwechseln", schlug ich vor. Er willigte ein. Trotzdem brachte er mich schon nach den ersten gemeinsamen Stunden mit seinen cholerischen Anfällen und seiner Nörgelei zum Verzweifeln und hielt durch seine Faulheit die ganze Arbeit auf. Gegen Feierabend war ich körperlich sowie nervlich angeschlagen.

Zu dieser Zeit kamen meine lieben Eltern aus der Türkei zurück. Man bewilligte mir einen Urlaubstag und somit konnte ich sie vom Flughafen abholen. Die Wiedersehensfreude war riesengroß, als sie mit einer Stunde Verspätung lachend auf mich zukamen. Auf dem Weg nach Hause erzählten sie mir wie jedes Jahr von ihren positiven Erlebnissen. In ihren braungebrannten Gesichtern spiegelte sich ihre Seele wider, die nur so vor positiver Energie strahlte. Ihre Gesellschaft war mir heilig und erst jetzt wurde mir bewusst, wie sehr ich sie vermisst hatte. Durch die permanente Beschäftigung jeden Tag, hatte ich anscheinend selten die Gelegenheit, mich an diesen Gedanken festzuhalten.

„Hoşgeldiniz" (Willkommen) sagte ich erneut im Auto. „Ich hoffe, ihr habt euch beide gut erholt und die frische, ländliche Gegend hat euch gutgetan."

„Na klar doch. Erst recht das kalte Brunnenwasser mit der genialen Wasserqualität", ergänzte mein Vater hocherfreut. Sie waren übrigens mehr als zufrieden, als sie zu Hause die Rundumerneuerung in Augenschein nahmen. Ihre Augen funkelten vor Freude und sie bedankten sich aus tiefstem Herzen.

Auf der Arbeit machte ich den Springer. Mal fuhr ich für ein paar Tage mit der einen Truppe raus, mal mit einer anderen. So lernte ich nach und nach alle restlichen Kollegen kennen. Es kam öfters vor, dass wir alle samstags freiwillig zur Arbeit erschienen. Natürlich mit hundert Prozent Aufschlag. (Sonntags widmete ich mich nach wie vor der Arbeit beim „Chinamann"). Wolfgang fiel erneut krankheitsbedingt aus. Diesmal bestätigte sich mein Gefühl und ich sah ihn nicht wieder. Jedenfalls nicht auf der Arbeit, aber zufällig nach Monaten in einem Baumarkt. Wir redeten eine Weile, ich lernte kurz seine Ehefrau kennen und dann verabschiedeten wir uns schon wieder.

Sein Ausscheiden führte dazu, dass ich von nun an fest mit Tom und einem Auszubildenden in einer Gruppe war. Der Junge war gerade mal ein Jahr älter als mein Sohn. Zu dritt hatten auch wir eine Menge Spaß und die harte Arbeit wurde irgendwann zur Nebensache.

Übrigens bekam ich jeden Monat einen ansehnlichen Betrag auf mein Konto überwiesen, der es mir erlaubte, nicht nur meinen Sohn und meine Eltern zu verwöhnen, sondern ebenso meine gute Freundin. Ich lud sie ins Restaurant ein oder ins Kino.

Wir gingen zusammen shoppen und ließen es uns gut gehen als Entschädigung dafür, dass ich so wenig Zeit für sie hatte. Meine Freundin und ich machten gemeinsame Kasse wie ein Paar, auch wenn wir es offiziell gar nicht waren. Trotzdem sahen wir uns immer seltener. Ich hatte nicht einmal Zeit für mich selbst und kam kaum noch meinem Alltag hinterher. Im Laufe meines Lebens schien die Zeit immer schneller zu vergehen.

Kapitel 21

Eines Abends, als ich mit meinen Eltern im Wohnzimmer saß, sagte meine Mutter plötzlich, dass sie schwer Luft bekommen würde und brach dabei fast zusammen.

Es waren gerade wenige Wochen vergangen, seit meine Eltern wieder aus der Türkei zurückgekehrt waren.

Erschrocken redete ich auf sie ein und hoffte, dass die Atemnot jeden Moment aufhören würde. Aber das Gegenteil trat ein und ihr wurde im wahrsten Sinne des Wortes der Atem geraubt.

Ich musste sofort handeln.

Eilig zogen wir uns an und ich ließ mir von meinem Vater ihre Krankenkassenkarte geben.

Mit Vollgas fuhren wir ins nächste Krankenhaus.

Dort angekommen, mussten wir kurz warten, bis meine Mutter endlich untersucht werden konnte. Sehr bald wurde festgestellt, dass sich ihre Blutgefäße verengt hatten. Daher war die Durchblutung des Körpers und des Gehirns eingeschränkt. In letzter Zeit hatte sich immer mehr Flüssigkeit in ihren Füssen angesammelt.

„Das ist ein Zeichen dafür, dass die Pumpleistung des Herzens bereits eingeschränkt ist", ließ uns der Arzt wissen. „Das Herz muss sehr viel Kraft aufbringen, um die

Lunge mit Sauerstoff zu versorgen. Sie sind grade noch rechtzeitig gekommen und wir müssen sofort handeln."

In den folgenden zwei Wochen wurde meine Mutter gleich zweimal operiert. Zunächst wurden die Gefäßverengungen mittels Katheter und eines kleinen Ballons (Ballonkatheterdilatation) ausgedehnt. Anschließend musste sie zur Beobachtung im Krankenhaus bleiben. Natürlich gingen wir sie jeden Tag besuchen und sprachen ihr gut zu. Vor allem wollten wir sie ermutigen, nicht aufzugeben. Wir versuchten positiv zu bleiben. Alles würde wieder gut werden, versprachen wir ihr. Nach nur ein paar Tagen musste sie erneut operiert werden.

„Durch das Legen von Bypässen möchten wir einen Schlaganfall vermeiden", erklärte der Arzt die weitere Maßnahme. Selbstverständlich wussten wir, dass eine Operation immer gewisse Risiken mit sich bringt.

Dennoch willigte meine Mutter ein. Schlussendlich ging auch alles gut. Sie war tapfer und wieder hoffnungsvoll. Unterdessen hatten wir erfahren, dass meine Mutter an einer dreiwöchigen Anschlussrehabilitation teilnehmen sollte.

Bereits achtundvierzig Stunden nach der zweiten Operation ging es ihr sichtlich besser und sie durfte vorerst für ein paar Tage mit nach Hause. Sie hatte uns in der Zeit ihres Krankenhausaufenthaltes gefehlt und wir waren sehr um sie besorgt gewesen. Das ließen mein Vater und ich sie jetzt spüren, indem sie unsere volle Aufmerksamkeit bekam. Alles braucht seine Zeit, auch ihre Genesung.

Nach einer Woche erhielten wir die Adresse der Reha-Einrichtung und begleiteten sie dorthin. Um verloren gegangene Funktionen des Herzens wiederherzustellen oder auszugleichen, war die Art von Weiterbehandlung, die man ihr dort anbot, sehr hilfreich. Jeder Patient konnte dadurch schneller wieder an die Belastungen im Alltag herangeführt werden. Meine Mutter plagten jedoch neben den Schmerzen noch andere Sorgen. Nämlich die Sprachbarriere. Sie machte sich Gedanken, nicht ausreichend zu verstehen und wegen der Sprachbarriere sich nicht verständigen zu können.

„Das regeln wir schon irgendwie, Anne", sagte ich.

„Etwas Deutsch verstehst du ja und wir kommen dich ohnehin oft besuchen. Zur Not übersetze ich übers Telefon."

Als wir in der Reha-Einrichtung angekommen waren und der Papierkram erledigt war, wurde ihr ein Zimmer zugeteilt. Allein die Lage und die Klinik an sich waren schon ein Highlight. Ein mehrgeschossiger Gebäudekomplex mit viel Grün drumherum. Die Zimmer hatten einen Balkon, waren geräumig, hell und modern eingerichtet - es fehlte an nichts.

Der Empfang erinnerte eher an die Lobby eines Sternehotels. Die Angestellte an der Rezeption informierte mich dann darüber, dass meine Mutter mit einer weiteren, türkischen Frau in ein Zimmer kommen würde. Mit dem Aufzug fuhren wir in den ersten Stock und suchten das genannte Zimmer auf.

Eine ältere, sehr nette Frau empfing und begrüßte uns herzlich. Wir stellten uns vor und sofort bot die Dame uns türkisches Essen an, welches ihr Mann extra von zu Hause mitgebracht hatte. Dankend lehnten wir ab, weil wir zu dieser Zeit satt waren.

Das Zimmer war sehr groß und sauber.

Die türkische Frau, die etwa im gleichen Alter war wie meine Mama, ließ uns wissen, dass sie bereits seit einer Woche hier sei und in zwei Wochen wieder nach Hause gehen dürfe. Dann wandte sie sich an meine Mutter und fing an zu reden: „Ich werde dir alles in Ruhe erklären, wie du was zu machen hast. Wo sich der Speisesaal, der Sportraum und der Aufenthaltsraum befinden und wo du hingehen kannst, falls du Medikamente brauchst und Schmerzen hast. Klar kann ich ebenso für dich übersetzen, falls du der deutschen Sprache nicht mächtig bist."

„Das wäre super nett", entgegnete meine Mutter und bedankte sich erleichtert. Nun strahlte sie im ganzen Gesicht und es schien, dass eine große Last von ihr abfiel.

Nach zwei harmonischen Stunden verabschiedeten wir uns und versprachen, sie sehr bald wieder zu besuchen.

„Anne, das Schlimmste hast du Gott sei Dank hinter dir. Jetzt wirst du weitere drei Wochen unter Aufsicht sein und hoffentlich jeden Tag ein bisschen fitter werden. In wenigen Tagen sehen wir uns wieder. Bis dahin wünsche ich dir nur das Beste. Siehst du, jetzt hast du sogar einen gleichgesinnten, lieben Menschen bei dir und hast dich unnötig verrückt gemacht." „Hoşçakal" (Auf Wiedersehen) sagten wir, ehe wir die Klinik verließen.

Zufrieden fuhren mein Vater, mein Sohn und ich nach Hause.

In den darauffolgenden Tagen telefonierten wir fast jeden Tag mit meiner Mutter. Sie war sehr zufrieden mit der Klinik und berichtete uns jeden Tag vom positiven Verlauf. Sie habe dank ihrer Zimmergenossin weitere vier oder fünf türkische Frauen kennengelernt, die ihr den Aufenthalt erleichtern und verschönern würden. Darüber hinaus sei da ein junger türkischer Mann namens Sener, etwa dreißig Jahre alt, der sich in jeglicher Hinsicht ebenfalls rührend um meine Mutter kümmere. Bei unserem nächsten Besuch lernten wir sie alle persönlich kennen. „Sie ist wie meine eigene Mutter", sagte Sener. Der Name bedeutet übrigens „Der glückliche und fröhliche."

„Sie ist so herzensgut und liebevoll. Ich sehe es als selbstverständlich, ihr stets zu helfen, egal wobei."

„Gottes Segen auf dich", hörte ich mich sagen.

Den Ehemann der Zimmergenossin meiner Mutter lernten wir ebenfalls kennen.

Als er das Zimmer betrat, war er vollbepackt mit türkischem Essen. Wir stellten uns vor und er bestand darauf, dass wir mitessen sollten. So willigten wir diesmal ein und es schmeckte einfach köstlich.

Die Zeit verging wie im Flug. Meine Mutter wurde zunehmend trauriger, je näher der Tag kam, an dem ihre Mitbewohnerin wieder nach Hause gehen durfte. Schweren Herzens verabschiedeten sie sich. Sie hatten sich aneinander gewöhnt und tauschten Telefonnummern aus, um sich möglichst bald wieder hören und sehen zu können. Sogar mit dem lieben Sener, der sich über mehrere Wochen so an meine Mutter gewöhnt hatte und ihre Gesellschaft genoss, wurden die Kontaktdaten ausgetauscht. (Er wurde übrigens am Herzen operiert und sein Aufenthalt würde wohl etwas länger dauern, wie er mir erzählte).

Einst traurig und erschöpft, war es nun an der Zeit.

Meine Mutter durfte nach drei Wochen gut erholt, fröhlich und zuversichtlich die Klinik verlassen.

„Der Aufenthalt war für mich wie ein Geschenk. Die ärztliche Betreuung hat für meine Zwecke völlig ausgereicht. Bei tiefergehenden, seelischen Problemen waren meine neuen Bekannten für mich da. Ich werde sie sehr vermissen", hieß es später auf dem Heimweg.

Der Kontakt zu ihrer Zimmernachbarin und zu Sener besteht heute noch.

Kapitel 22

Gelegentlich ging ich am Wochenende mit einem Freund, der polnische Wurzeln hat, aus. Er ist rund zehn Jahre jünger als ich und es macht Spaß, mit ihm ausgelassen zu feiern.

„Bruder, ich habe Ende November Geburtstag und ich werde in der Disco feiern. Ich werde viele Leute einladen, zu denen du selbstverständlich auch gehörst.

Es wäre mir eine Ehre, wenn du mit dabei sein könntest."

Spontan sagte ich zu. Obwohl ich an dem Abend lieber zu Hause geblieben wäre, da ich ziemlich kaputt von der anstrengenden Arbeit war, hielt ich mein Versprechen. Ich schlief extra drei Stunden vorher, so dass ich einigermaßen fit war, bevor ich in die Disco fuhr. Er schlug mir kurzfristig vor, bei einem Freund „vorzuglühen". Das lehnte ich allerdings ab, da ich nicht einmal Lust darauf hatte, alkoholische Getränke zu mir zu nehmen. Später gab ich mir einen Ruck und fuhr in den Tanztempel.

Wir begrüßten uns und in netter Runde waren die Gespräche sehr anregend. Wir hatten Spaß und gingen zwischendurch auch mal tanzen. Die Disco füllte sich im Laufe des Abends.

Im extra für uns reservierten Bereich stießen wir immer wieder auf das Geburtstagskind an. Tatsächlich trank ich einen über den Durst, obwohl ich das nicht vorgehabt hatte.

Aber die Versuchung war leider zu groß.

Zum Schluss machte ich einen riesen Fehler und meine Realitätswahrnehmung schlug fehl. Statt mir einem Taxi zu nehmen, steuerte ich den frühen Morgenstunden selbst das Auto. Obwohl ich mir im Klaren war, dass ich nicht nur mein eigenes Leben riskiere, sondern auch das anderer.

Ja ich weiß, eine sehr verantwortungslose Aktion von mir, die ich heute leider nicht mehr rückgängig machen kann.

Es wurde zudem eine teure Autofahrt. Blöderweise wurde ich nach nur wenigen Metern von der Polizei angehalten. Wie aus dem Nichts standen sie plötzlich mit Blaulicht hinter mir. Nach Aufforderung zeigte ich dem Beamten meinen Führerschein, da bemerkte der Beamte meine glasigen Augen. Daraufhin sollte ich einen Atemalkoholtest machen, aber da ich gesetzlich nicht dazu verpflichtet war, stimmte ich dem nicht zu.

Nach kurzer Diskussion musste ich schließlich mit auf die Wache kommen, um dort eine Blutalkohol-Untersuchung durchführen zu lassen. Zunächst wurde ein Arzt angerufen, der circa zwanzig Minuten später erschien. Gerade mal genug Zeit, um mich mental auf die anstehende Blutabnahme vorzubereiten, denn Spritzen mochte ich überhaupt nicht. Der Arzt kam rein, packte seinen Arztkoffer aus, nahm die Spritze in die Hand und untersuchte zunächst meinen ganzen Arm nach einer geeigneten Einstichstelle. Er entschied sich dann aber doch für meine Hand, wo er die Nadel in eine gut sichtbare Vene auf dem Handrücken einführte. Zu meinem Entsetzen war er ein wenig ungeschickt und traf nicht auf Anhieb, sondern musste mehrmals zustechen. Obwohl ich vor Schmerz zusammenzuckte, machte er unbeirrt weiter. Der Beamte schaute derweil schweigend zu. Nach gut fünf Minuten war die schmerzhafte und unangenehme Prozedur vorbei.

„So ein Idiot von Arzt", fluchte der Beamte und guckte mich dabei kopfschüttelnd an, als der Arzt wieder verschwunden war. Netterweise bekam ich noch ein kleines Pflaster für die Einstichstellen und wurde kurzerhand nach Hause gefahren. „Das Auto darf keinen Zentimeter bewegt werden, jedenfalls nicht von ihnen. Aber spätestens gegen Nachmittag, wenn Sie wieder nüchtern sind, dürfen Sie wieder fahren."

„Es wird sicherlich ein paar Wochen dauern, bis sich der Landkreis bzw. die Zulassungsstelle bei ihnen melden wird", ließ man mich noch mahnend wissen.

„Ist mir das wirklich passiert?", fragte ich mich, als ich wieder zu Hause war. Ich brauchte erstmal einen Kaffee, um mich zu beruhigen. Am besten einen schwarzen, so schwarz wie meine Seele gerade war. Der Schock saß tief, so dass ich später kein Auge zu bekam. Später im Schlaf wiederholte sich diese erschreckende Prozedur und somit dieser Alptraum, der mir wahrhaftig passiert war. Die quälenden Gedanken daran ließen mich seitdem nicht mehr los. Von einem Tag auf den anderen war mein Leben ein anderes. Am nächsten Tag ging ich wieder Essen ausliefern, aber fortan trug ich eine große Last mit mir herum. Es ließ mir einfach keine Ruhe, denn nahezu täglich war ich auf mein Auto angewiesen. Jeden Tag quälten mich dieselben Fragen - wann und für wie lange ich meinen Führerschein wohl abgeben musste - und ob ich einen Idiotentest machen müsste? Abgesehen von den hohen Kosten, die dann auf mich zukommen würden.

Kapitel 23

Der schlimmste Weg, den du wählen kannst, ist, gar keinen zu wählen. Auf meinem Weg sollte sich schon sehr bald eine große Baustelle auftun, die mir lange Zeit den Weg versperren sollte. Es belastete mich sehr, mit der Ungewissheit leben zu müssen, obwohl ich schon erahnte, was folgen würde. „Selbst schuld", redete ich mir dauernd ins Gewissen.

Der Silvesterabend rückte immer näher, aber nicht einmal darauf konnte ich mich wirklich freuen. Das Gefühl der Lustlosigkeit machte sich bei mir immer mehr bemerkbar. Trotzdem besorgte ich wie jedes Jahr Böller, Raketen und eine leckere Torte, denn genau in dieser besonderen Nacht war der Geburtstag meiner Mutter. Zusammen mit meiner guten Freundin, meinen Eltern, meinem Sohn und dessen Freundin verbrachte ich den Silvesterabend. Wir hörten türkische Musik, aßen leckere Torte und schossen um Mitternacht viele Raketen in die Luft. Trotz aller Ausgelassenheit lauteten meine Gebete heimlich und still: „Bitte lass das Jahr 2019 schnell vorübergehen!"

Die erste Woche im neuen Jahr hatte ich frei. So versuchte ich im „Hier" und „Jetzt" zu leben, aber es fiel mir außerordentlich schwer.

„Das sollte dir eine Lehre sein", meinte meine Freundin. „*Verdrängen oder Weglaufen ist nie eine Option. Es kommt immer zurück, vielleicht in einer anderen Form, aber es wird dich so lange in Atem halten, bis du dich der Herausforderung gestellt hast.*"

Die Wochen vergingen und die anstrengende Arbeit hielt an, was mich weitere, wertvolle Energie kostete. Immer öfter machte sich bemerkbar, dass ich den falschen Job ausübte.

Viele Kollegen waren genervt und aufbrausend, was mir in meiner jetzigen Situation so gar nicht passte. Trotzdem biss ich die Zähne zusammen und wollte und konnte nicht einfach alles stehen und liegen lassen.

Nach gut sechs Wochen erreichte mich dann der Brief, aus dem hervorging, dass ich meinen Führerschein genau in sechs Wochen für eine unbestimmte Zeit abgeben sollte.

Meine Befürchtungen hatten sich somit bestätigt und ich zählte automatisch nur noch die restlichen Arbeitstage, bis ich meinen Führerschein abgeben musste und anschließend meine Kündigung unterschreiben durfte. Spätestens dann, so dachte ich, könnte ich den Job aus mehreren Gründen nicht mehr ausüben - zum einen konnte ich dann den Lkw nicht mehr fahren und zum anderen wüsste ich gar nicht, wie ich ohne Auto zu meiner Arbeitsstelle und am Abend wieder nach Hause kommen sollte. Den Kollegen sowie meinen Eltern gegenüber ließ ich vorübergehend nichts anmerken und sprach kein Wort darüber.

Kapitel 24

Wie heißt es so schön: „Wenn es kommt, dann kommt alles auf einmal." Von heute auf morgen wollte mich meine bessere Hälfte plötzlich nicht mehr sehen. Auf einer ihren Grillpartys hatte sie jemanden kennengelernt, mit dem sie, wie aus dem Nichts eine feste Beziehung eingehen wollte. Ich war nicht nur zutiefst überrascht, sondern auch empört und sehr verletzt. Sie gab mir noch nicht einmal die Gelegenheit, mich vernünftig von ihr verabschieden zu können. Stattdessen schickte sie nur eine lapidare WhatsApp-Nachricht, aus der hervorging, dass sie keinen Kontakt mehr zu mir wünschte.

Ich würde lügen, wenn ich behaupten würde, dass ich in den letzten Monaten gar keine Gefühle für sie aufgebaut hatte.

So versuchte ich verzweifelt Antworten auf meine zahlreichen Fragen zu finden. Aber sie kamen nicht - auch nach weiteren Wochen nicht. Indessen wurde ich von ihr bei WhatsApp sowie in anderen, sozialen Netzwerken eiskalt blockiert.

Leider leben wir in einer Gesellschaft, in der es nicht gerade belohnt wird, wenn man Gefühle zeigt. Obwohl von vornherein die Fronten geklärt waren, wäre es jetzt

das Mindeste, sich wenigstens ein letztes Mal auszuspre-
chen und vernünftig verabschieden zu können.

Langsam kündigte sich ein neues Tief bei mir an. Still
und heimlich huschte es durch meine Träume in der
Nacht.

Diese urplötzliche Trennung bzw. der Kontaktab-
bruch, machte mir sehr zu schaffen und zerrte zusätzlich
an meinen Nerven. Wochenlang versuchte ich die Erinnerungen auszuschalten, loszulassen und endlich nach
vorne zu schauen. Aber da war immer dieses Gefühl,
wenn dir der Boden unter den Füßen weggezogen wird
und du überhaupt nicht verstehst, wieso die Welt auf
einmal so grau erscheint. Sie sollte doch eigentlich nach
der ganzen harten und schweren Zeit, die hinter mir lag,
bunter, voller Glück und Hoffnung sein. Aber irgendwie
schien das bei mir nicht zu klappen und die Sorgen wurden immer mehr.

Manchmal, wenn einem alles zu viel ist, dann möchte
man sich nur noch verkriechen oder einbuddeln. Die
Zeit am liebsten vorspulen oder besser noch zurück. Es
soll einfach nicht passiert sein, was passiert ist. Augen
schließen und nicht hinsehen. Wie die kleinen Kinder,
die sich die Augen zuhalten, wenn sie sich verstecken.
Denn wenn du nichts siehst, dann sieht dich auch kein
anderer. Immer öfter stellte ich fest, dass ich nur deshalb
so lange funktioniert habe, damit man mir nicht anmerk-
te, wie schlecht es mir tatsächlich ging.

Nach meiner Entlassung aus dem China Gefängnis hatte ich gleich kurze Zeit später nahezu fast jeden Tag gearbeitet, nur um mich in Wirklichkeit abzulenken und nicht mit meinen Problemen beschäftigen zu müssen - diese Strategie brachte jedoch nicht das gewünschte Ergebnis.

Ich hatte Angst, Sorgen und Wut. Wut nur auf mich selbst und nicht auf die ganze Welt.

Während ich tatenlos flach auf dem Rücken im Bett lag und mir über meine Zukunft Sorgen machte, vergiftete ich meinen Körper buchstäblich mit düsteren Gedanken.

Zunächst hatte ich keinen Plan, wie es weitergehen sollte. Nachts waren meine Augen zwar zu aber meine Gedanken kamen nicht zur Ruhe.

Infolgedessen wollte ich morgens am liebsten gar nicht erst aufstehen. Ich hatte nicht mal mehr die Kraft oder gar das Verlangen, einen optimistischen Blick in die Zukunft zu werfen.

So leer hatte ich mich schon lange nicht mehr gefühlt. Irgendwann gab ich mir jedoch einen Ruck und hörte auf mit der Selbstsabotage - ich kämpfte, um zu leben und wollte nicht schon wieder stehenbleiben.

Auch wenn ich mir teilweise, wieder wie ein Häftling in meiner eigenen Haut vorkam, der sich nichts weiter wünschte, als aus dieser miserablen Situation rauszukommen. So rang ich nach Freiheit und hoffte, dass allein die Zeit die alten Wunden heilen würde. Es braucht Mut und Kraft, um gegen den Strom zu schwimmen und zu guter Letzt auch die richtigen Menschen, damit man auf seinem Weg nicht untergeht. Menschen, die einen auffangen, wenn man sich entkräftet zurückfallen lässt.

In Momenten des größten Glücks schleicht sich manchmal die Angst ein, es verlieren zu können. In diesem Augenblick beginnt eigentlich schon das Leid. Unterschwellig begleitet uns diese Angst nämlich immer. Tatsache ist: Das Leben befindet sich ständig im Wandel. Wir tun uns selbst einen Gefallen, wenn wir mit diesem Wandel gehen, nicht versuchen, dagegen anzukämpfen oder krampfhaft an alten Dingen festzuhalten. „Loslassen", heißt das Zauberwort.

Aber das gelang mir erst nach gut drei Monaten. Zunächst hatte ich die Nase voll von den Frauen, obwohl ich wusste, dass ich für ein Dauersingle – Leben nicht gemacht war.

Denn wer ist schon gern allein? Aber die Angst, wieder verletzt zu werden, war momentan einfach zu groß. Stattdessen wollte ich mich mehr mit mir beschäftigen, erst einmal alles sacken lassen und aufarbeiten, was meinerseits bisher vernachlässigt wurde. Ich brauchte Zeit, um nachzudenken.

Kapitel 25

Der „Chinamann" ließ mich wissen, dass er seinen Laden bedauerlicherweise schließen würde. Netterweise überließ er mir viele der leckeren Soßen, so dass ich mir zu Hause selbst mein Essen machen konnte. (Mein Arbeitgeber wusste natürlich die ganze Zeit von meinem Nebenjob).

Mit beiden Chefs und drei weiteren Kollegen bildeten wir eine Arbeitskolonne und fuhren in den nächsten Tagen in eine Wohngegend, in der mehrere, unterschiedlich große Bäume gefällt werden sollten. Bei unserer Ankunft positionierte ich zunächst den Steiger und die Bäume wurden nach und nach klein gesägt. Binnen kürzester Zeit entstand jedes Mal ein riesiger Berg aus Zweigen. Kontinuierlich wanderten die Zweige nacheinander in den Schredder, so dass die Maschine ständig mit Nachschub gefüttert wurde. Anschließend wurde der gesamte Arbeitsbereich noch mit Forke und Besen gesäubert.

Es war kurz vor der Mittagspause. Wir waren gerade mit dem fünften oder sechsten Baum fertig. Alles war soweit geschreddert. Die anderen waren schon weitergezogen zu einem Nebengebäude, um dort die Hecken zu schneiden. Während man mir erklärte, wo ich sie finden würde, unterbrach ich meine Arbeit und stand mit der Forke in der Hand da und hörte zu. Als der Kollege danach um die Ecke verschwunden war, wollte ich mir eine Zigarette aus der Schachtel holen. Dazu beugte ich mich gedankenverloren nach unten und bohrte mir blöderweise den Stiel der Forke ins linke Auge, aber keiner bekam davon etwas mit. Durch die fürchterlichen Schmerzen konnte ich nichts mehr sehen und litt Höllenschmerzen.

So quälte ich mich ins Fahrzeug und versuchte, den Schmerz auszuhalten. Nach einer Weile kam der Chef und fragte, was los sei. Von der unglücklichen Aktion erfuhr er jetzt erst. Er zeigte Verständnis und sagte, da ja sowieso gleich Mittagspause sei, sollte ich im Auto sitzen bleiben und mich ausruhen. Aber in der Mittagszeit hielten die fürchterlichen Schmerzen unverändert an und sobald ich versuchte das Auge zu öffnen, wurden sie noch schlimmer.

Irgendwann kam ein Kollege zu mir und wollte ebenfalls wissen, was los sei. Nachdem ich ihm ebenso davon erzählte, fragte ich ihn verzweifelt, ob er Schmerztabletten dabeihätte. Er riet mir stattdessen, schnell einen Augenarzt aufzusuchen. Somit weihte ich den Chef ein, dass ich sofort vom Augenarzt behandelt werden müsse. Er wusste allerdings nicht, wo sich der nächste Augenarzt befand. Wir waren mitten im Herzen von Braunschweig und ich zog dennoch planlos zu Fuß los. Das Auge verdeckte ich mit einer Hand und sprach Passanten auf der Straße an.

Aber keiner konnte mir zunächst weiterhelfen. Ich lief und lief und zum Glück befand sich tatsächlich ein Augenarzt in der Nähe.

Mit zittrigen Beinen stolperte ich wie blind in die Praxis des Augenarztes. Das Sehen mit nur einem Auge war tatsächlich sehr anstrengend. Die türkische Mitarbeiterin am Empfang sah mich geschockt an, als sie mein mittlerweile geschwollenes und stark gerötetes Auge sah. Sie bat mich, gleich vorne Platz zu nehmen und gab mir etwas zum kühlen.

Nach wenigen Minuten wurde ich aufgerufen. Zunächst sollte ich kurz schildern, was passiert sei. Dann gab man mir schmerzbetäubende Augentropfen, die meine Höllenqualen vorübergehend linderten. Vom Weiterarbeiten wurde mir abgeraten, stattdessen sollte ich, wenn möglich auch das rechte Auge schließen, um eine Überanstrengung zu vermeiden. Für drei Tage wurde ich anschließend krankgeschrieben und sollte am Folgetag erneut einen Augenarzt an meinem Wohnort aufsuchen. Diesmal mit einer Augenklappe gewappnet, verließ ich daraufhin die Arztpraxis.

Als ich zurück auf die Baustelle kam, war mein Zustand offensichtlich.

„Ich werde heute jedenfalls nicht mehr weiterarbeiten können", sagte ich.

„Aber mit dem Lkw zurückfahren kannst du", meinte der Firmeninhaber bestimmend.

„In dem Zustand ist das unmöglich Chef", antwortete ich leicht entsetzt. „Du bist der einzige mit einem Lkw-Führerschein. Die Baustelle wird heute noch fertig und der Steiger wird morgen für andere Arbeiten benötigt. Das schaffst du schon. Fahr einfach langsam und vorsichtig zurück", hieß es. Eigentlich wollte ich nicht glauben, was mein Gegenüber von mir verlangte. Aber ich war nicht daran interessiert, in dem Zustand noch irgendwelche Diskussionen zu führen.

Beten war der letzte Ausweg, bevor ich in den Lkw stieg und losfuhr. Ich war gezwungen, mich ohne Navigationsgerät und mit nur einem Auge zu orientieren. Durch die Augentropfen, die ich vom Augenarzt bekommen hatte, waren die Schmerzen Gott sei Dank etwas erträglicher geworden. Trotzdem, wenn ich in dem Zustand in eine Verkehrskontrolle geraten wäre, würde ich ohne wenn und aber gleich aus dem Verkehr gezogen werden. Bereits nach kurzer Fahrstrecke fühlte ich mich total überfordert und die Überanstrengung zerrte an meinen Nerven. Alles sah ich doppelt und musste ständig aufpassen in der Spur zu bleiben, um nicht von der Fahrbahn abzukommen. Regelrecht schielen musste ich, um mit dem rechten Auge halbwegs sehen zu können.

Wie durch ein Wunder und trotz reduzierter Sehkraft, schaffte ich die anstrengende Rückfahrt, ohne einen Unfall zu verursachen. Geschwächt und eine gefühlte Ewigkeit später kam ich auf dem Gelände an, wo die Hackschnitzel gelagert wurden.

Habe ich das vorhin wirklich gerade gemacht und mal wieder nicht nur mein Leben sondern auch das Leben anderer in Gefahr gebracht?, fragte ich mich. Mir war ebenso bewusst, dass ich genau das Gegenteil von dem machte, was mir der Augenarzt geraten hatte - nämlich mein rechtes Auge zu schonen und nicht aufzumachen.

Gefühlte zehn Minuten waren nötig, um wieder etwas zu Kräften zu kommen. Dabei dachte ich permanent an die weitere Entfernung bis zur Firma, der noch vor mir lag.

Zu Fuß würde ich jedenfalls in dem Zustand für die knapp anderthalb Kilometer sicherlich weit über eine halbe Stunde oder länger brauchen. Aber wie sollte ich sonst hinkommen, fragte ich mich? Auf dem Gelände gibt es noch andere Firmen. Spontan ging ich in eine der Hallen und fragte, ob man mich bis zu meiner Firma fahren könnte. Der ältere Mann schaute mich verständnisvoll an und willigte ein, mich hinzufahren.

„Schließlich kann das jedem passieren. Aber es ist schon ein Unding, dass dich dein Chef in dem Zustand überhaupt fahren lässt", sagte er wütend. Ich dankte ihm für seinen freiwilligen Chauffeursdienst, als ich am Ziel ankam. Genau in dem Moment rief mich mein Chef an und wollte wissen, ob ich heil zurückgekommen sei. Nachdem ich bejahte, wollte er, dass ich auf dem Platz warte. Er habe seinem Vater soeben Bescheid gegeben und der würde mich in den nächsten Minuten abholen kommen.

„Nicht nötig", antwortete ich. „Ich wurde bereits anderweitig gefahren." Gute Besserung wünschte er mir noch, bevor wir auflegten.

Wenn ich vierzig Kilometer mit dem Lkw geschafft habe, dann schaffe ich ebenso die restlichen acht Kilometer mit meinem eigenen Auto, dachte ich mir. So setzte ich mich diesmal in mein Auto und machte mich langsam auf den Heimweg. Um meine Eltern nicht zu schockieren, nahm ich die Augenklappe ab, bevor ich zu Hause ankam. Urplötzlich hatte ich dieselben Schmerzen wie ganz am Anfang und quälte mich auf den letzten Metern meines Nachhausewegs. Endlich angekommen, versuchte ich möglichst nicht von meinen Eltern gesehen zu werden, sagte nur schnell ein kurzes „Hallo" und sprang unter die Dusche, ohne dabei die Augen zu öffnen. Noch nicht einmal an Essen dachte ich, weil ich mich nur noch hinlegen und den schlimmen Vorfall vergessen wollte. Irgendwann klappte es mit dem Einschlafen. Dabei hoffte ich inständig, bald wieder gesund zu werden und mit dem linken Auge schmerzfrei sehen zu können.

Kapitel 26

Am nächsten Tag fand die Kontrolle beim Augenarzt statt.

Nach einer guten halben Stunde Wartezeit wurde ich aufgerufen. Zunächst sollte ich den Unfallhergang schildern sowie die Art und Intensität meiner Schmerzen beschreiben. Die Augenklappe wurde entfernt. Anschließend bekam ich erneut schmerzbetäubende Augentropfen, so dass die Pupille für eine gewisse Zeit erweitert werden konnte. Dadurch ließ sich der Augenhintergrund besser beurteilen.

Im Anschluss folgte ein Sehtest, bei dem die Sehschärfe beider Augen überprüft wurde. Durch die Verletzung des linken Auges hatte ich massive Schwierigkeiten, die Buchstaben und Zahlen richtig zu erkennen. Nachdem beide Augen gründlich untersucht waren, ließ mich der Arzt wissen, dass ich in der kommenden Woche auf jeden Fall noch zu Hause bleiben sollte.

„Sie haben eine oberflächliche, offene Verletzung der Hornhaut am Auge. Aber es betrifft nur die äußere Zellschicht und wenn sie Glück haben, wird das wieder von allein heilen. Trotzdem müssen sie jeden Tag Salbe und Augentropfen benutzen. Die unangenehme Folge können trockene, gereizte oder tränende Augen sein. Sobald sie erneut Beschwerden haben sollten, kommen sie wieder. Die Augenklappe lassen wir ganz weg. Gute Besserung wünsche ich ihnen." Anschließend besorgte ich mir die Salbe aus der Apotheke, die mir der Augenarzt verschrieben hatte. Notgedrungen musste ich meinen Eltern von dem Unfall berichten, als ich wieder zu Hause war. Eigentlich wollte ich sie mit dieser Sache nicht belasten, aber diese Angelegenheit ließ sich nicht dauerhaft verbergen.

Meine Mutter machte sich natürlich die allergrößten Sorgen. Beim Auftragen der Salbe half sie mir, weil ich aufgrund der Schmerzen dazu nicht selbst in der Lage war. Erst nach vier Tagen stellte ich von Salbe auf Augentropfen um, damit das Auge mit genügend Feuchtigkeit versorgt werden konnte. Trotzdem hatte ich gerade in den Morgenstunden starke Schmerzen und ich stellte öfter fest, dass mein Auge ausgetrocknet war.

„Allein die Zeit wird alle Wunden heilen", sagte ich mir mal wieder und vertraute auf die Worte des Arztes. Nach acht Tagen ging ich wieder arbeiten und es hatte den Anschein, dass sich das Auge wieder erholt hatte.

Zu dieser Zeit meldete sich ein guter Freund aus der Klinik bei mir. Seine Stimme klang verändert und seine Tonlage war tiefer als sonst. Wahrscheinlich wurde er gerade durch Medikamente ruhiggestellt. Ich kannte seine Vorgeschichte und wusste, dass er seit längerem ein Drogenproblem hatte und deswegen schon mehrmals in eine Klinik musste. Ziel des Aufenthaltes war, den Teufelskreis des zwanghaften Konsums von Suchtmitteln, den die Patienten oft nicht aus eigener Kraft durchbrechen können, zu beenden und die im Anschluss auftretenden, körperlichen Entzugssymptome zu mildern.

Er fragte mich, wie es mir ging.

„Mir könnte es besser gehen, aber das ist jetzt auch nicht so wichtig. Sag mir lieber, wie es dir geht."

„Ich befinde mich mal wieder in einer Klinik, wo ich permanent unter Beobachtung stehe. Zwar ist es jedes Mal eine Tortur für mich, aber ich werde es schon irgendwie aushalten."

„Wenn du doch nur damit aufhören bzw. das Ganze reduzieren könntest, dann wäre das schon die halbe Miete mein Freund", hörte ich mich reden. Da ich ihn bereits eine halbe Ewigkeit kannte, vertraute ich ihm die Sache mit dem Führerscheinproblem an. Zusätzlich berichtete ich von meinem Arbeitsunfall. Wann er aus der Klinik entlassen werden würde, wusste er zu diesem Zeitpunkt noch nicht.

Kurz darauf beendeten wir unser Gespräch und wünschten uns gegenseitig alles Gute.

In den kommenden Wochen hatte ich direkt nach dem Aufstehen öfter massive Beschwerden. Durch die verminderte Produktion des Tränenfilms konnte die Augenoberfläche nicht mehr ausreichend mit Flüssigkeit benetzt werden und dies führte zu Schmerzen. Trotzdem biss ich die Zähne zusammen und fuhr zur Arbeit. Der Zustand meines Auges wollte dennoch nicht besser werden, denn alle paar Tage traten die Probleme erneut auf.

Wochen später musste ich wieder zum Augenarzt, der dieselbe Untersuchung durchführte wie schon bei meinem ersten Besuch. „Ihre Hornhaut ist nach wie vor aufgerissen und ich sehe keine Verbesserung. Sie müssen das Auge ständig einsalben und mit Augentropfen behandeln."

„Das klappt aber nicht so recht mit der Salbe", sagte ich empört „Außerdem tut mir das Auge nach dem Einsalben noch mehr weh. Mit den Tropfen ist es zwar besser, trotzdem habe ich das Gefühl, dass das alles nichts bringt!" Der Arzt schrieb mich, um auf eine Nummer sicher zu gehen, für weitere zwei Wochen krank.

Zwangsläufig fiel ich weiterhin aus – und zwar bis zum Abgabetermin des Führerscheines. Erst auf den letzten Drücker informierte ich den Chef darüber. Meine Eltern weihte ich nun ebenfalls ein und erzählte ihnen von der unschönen Angelegenheit. Natürlich war mir das sehr unangenehm - keine Frage. Beide schluckten und fanden es gar nicht schön, dass ich - wenn auch nur gelegentlich - überhaupt alkoholische Getränke zu mir nahm. Mein Vater erzählte mir von einer einmaligen Aktion, als er während seiner Wehrpflicht getrunken hatte.

„Ich war so betrunken, dass ich nicht mehr Herr meine Sinne war. Mit dem Gewehr in der Hand forderte ich damals unseren Kommandanten auf, er möge auf der Stelle vor uns tanzen, sonst würde ich ihn erschießen. Das war das erste und letzte Mal. Seitdem habe ich keinen Schluck Alkohol mehr getrunken."

Ich zog in Erwägung, meinen Job trotz der Entfernung und ohne Führerschein weiterhin auszuüben. Denn ein Freund erzählte mir, er habe gehört, dass es eine Möglichkeit gebe, trotz Abgabe des Führerscheins weiterhin zur Arbeitsstelle fahren zu dürfen, um den Arbeitsplatz nicht zu verlieren.

„Erkundige dich mal bei der Zulassungsstelle", hieß es. Da fragen bekanntermaßen nichts kostet, rief ich dort an.

Die nette Dame erklärte mir jedoch, dass es eine solche Möglichkeit nicht gebe. Mit dem Mofa könne ich allerdings zur Arbeit fahren, falls ich im Jahre 1965 oder früher geboren sei. Denn dann dürfe ich das Mofa gesetzlich ganz ohne Führerschein fahren.

„Aber ich bin fast zwei Jahrzehnte später geboren", sprach ich. „Dann müssen Sie die Prüfbescheinigung machen. Informieren Sie sich vorsichtshalber beim TÜV, aber ich denke, das wird gehen", sagte sie, ehe wir das Gespräch wieder beendeten.

Direkt im Anschluss rief ich beim TÜV an und hakte nach, was es damit auf sich hatte, ob ich tatsächlich die Prüfbescheinigung zum Führen eines Mofas bis 25 km/h absolvieren könne, obwohl ich meinen Führerschein für Pkw bald abgeben müsse.

„Ja, das dürfen Sie und das wissen auch nur die wenigsten." Überrascht bedankte ich mich und rief sogleich die nächste Fahrschule an. Um innerlich ein wenig zur Ruhe zu kommen, musste ich ein paar Mal tief ein- und ausatmen, ehe ich die Nummer der Fahrschule wählte. Eine männliche Stimme meldete sich und ich erklärte, dass ich mich gern anmelden würde.

„Dann kommen Sie morgen gegen 18 Uhr mit Ihrem Personalausweis. Ab 17.30 Uhr können Sie sich anmelden."

„In Ordnung, bis morgen."

Ein wenig aufgeregt machte ich mich am nächsten Tag auf den Weg zur Fahrschule. Es war eine halbe Ewigkeit her, seit ich das letzte Mal in einer Fahrschule war. Um genau zu sein, zehn Jahre, als ich meinen Lkw-Führerschein gemacht habe.

Zehn Minuten vor Unterrichtsbeginn betrat ich den Raum und entdeckte an der Anmeldung das bekannte Gesicht einer jungen Frau, die im selben Ort aufgewachsen ist wie ich. Wir begrüßten uns und ich sagte, dass ich gern die Prüfbescheinigung für Mofa machen würde.

„Du hast doch deinen Pkw-Führerschein, oder?", fragte sie mich leicht irritiert.

„Ja schon, aber den muss ich demnächst für eine Zeitlang abgeben", antwortete ich etwas beschämt.

„In Ordnung, kann ja mal passieren. Jedenfalls musst du sechs Theoriestunden machen und einmal mit dem

Mofa fahren. Das war's dann auch schon. Übrigens kannst du, wenn deine Zeit das zulässt, dreimal die Woche am Unterricht teilnehmen. Wenn du am Ende die schriftliche Prüfung bestanden hast, dann bist du auch schon nach gut zwei Wochen durch. Kostenfaktor übrigens unter zweihundert Euro", fügte sie noch freundlich hinzu. Ich zahlte gleich cash und nahm am Unterricht teil. Denn mein Ziel war es, so schnell wie möglich die Theoriestunden hinter mich zu bringen.

Noch während meiner Krankschreibung stand unverhofft mein Chef vor der Haustür und wollte wissen, ob ich denn belegen könne, dass ich tatsächlich meinen Führerschein abgeben musste. Daraufhin zeigte ich ihm das Schreiben und ließ ihn gleichzeitig wissen, dass ich schon sehr bald mit dem Mofa zur Arbeit antreten würde. Davon blieb er jedoch unbeeindruckt und verabschiedete sich wieder.

Das war allerdings ein Abschied für immer, denn binnen achtundvierzig Stunden hatte ich meine Kündigung im Briefkasten. Ob mich das Kündigungsschreiben wirklich aus der Bahn gerissen hat, bezweifele ich. Obwohl meine Pläne durchkreuzt wurden, war mir zu dieser Zeit meine Gesundheit viel wichtiger.

In den folgenden Wochen hatte ich immer wieder Schmerzen, manchmal so stark, dass ich zwei Tage lang kein Auge zumachen konnte. Mittlerweile sorgte ich mich ernsthaft um meine Gesundheit und vor allem um meine Sehkraft. Durch den Arbeitsunfall war ich weiterhin krankgeschrieben und mein Zustand verschlimmert sich immer mehr. Von einem Freund ließ ich mich irgendwann total entkräftet zum Arzt fahren.

Ich flehte den Augenarzt an, mir zu helfen. Mein Zustand war kaum noch auszuhalten.

„Du musst weiterhin schmieren und schmieren", wiederholte sich der Augenarzt nur. „Gibt es denn keine Alternative?", wollte ich händeringend wissen. So konnte es jedenfalls nicht mehr weiter gehen.

Dann rückte er damit raus, dass die Möglichkeit einer Laserbehandlung bestehen würde. Allerdings bestünde das Risiko, dass der innere Bereich des Auges verletzt oder gar zerstört werden könnte.

„Darüber hinaus kostet die Behandlung rund tausend Euro, was du allerdings selbst zahlen müsstest."

„Hauptsache ich bin endlich diese Schmerzen wieder los!", brach es aus mir heraus.

„Wir sollten noch eine Weile abwarten. Vielleicht verbessert sich die offene Stelle wieder von allein. Wenn nicht, dann kommen Sie wieder", hieß es mehr oder weniger tröstend.

Somit vergingen weitere, lange Wochen, in denen ich nicht wusste, ob ich jemals wieder vollständig gesund werden würde.

Dann kam der Tag, an dem ich meinen Führerschein abgeben musste.

Ein seltsames Gefühl überkam mich. Zunächst bestätigte ich meine Identität durch Vorlage meines Personalausweises und händigte dann meinem Gegenüber schweigend meinen Führerschein aus. Kopfschmerzen waren die Folge. Die Dame gab mir im Anschluss gleich mehrere Flyer mit und ließ mich wissen, dass ich nicht nur eine Medizinisch-psychologische-Untersuchung machen musste, sondern auch freiwillig eine psychologische Hilfestellung in Anspruch nehmen konnte.

„Sie haben keine Fahrerlaubnissperre. Das bedeutet, sobald Sie den Psychologen bei der Prüfung überzeugen können, dass Sie in Zukunft nicht mehr negativ im Straßenverkehr auffallen werden, bekommen Sie von heute auf morgen ihren Führerschein wieder zurück. Jedoch zeigt die Praxis, dass man ohne eine Vorbereitung wenig Aussichten haben wird, die Prüfung sofort zu bestehen. Außerdem müssen Sie Abstinenznachweise über einen längeren Zeitraum erbringen. Diese können mittels Urinprobe beim Arzt oder durch eine Haarprobe bei einer MPU-Stelle erbracht werden." Am liebsten hätte ich mich selbst geohrfeigt, aber das hätte ja jetzt auch nichts mehr gebracht. Meinen Führerschein würde mir das jedenfalls nicht zurückbringen. Niedergeschlagen verließ ich gleich danach die Zulassungsstelle.

Zu dieser Zeit rief wieder mein Freund aus der Klinik an und wollte mich dringend sprechen. Ich leistete ihm so gut ich konnte seelischen Beistand in seiner schwierigen Lage.

Er litt in der Klinik unter der Einsamkeit und am liebsten wollte er diese sofort verlassen, aber man ließ ihn noch nicht gehen.

„Bruder, die pumpen dich hier tagtäglich mit unzähligen Medikamenten voll, ob man möchte oder nicht", sagte er. Ich habe den Eindruck, um jemanden ruhigzustellen, wenden Sie ausschließlich „chemische Gewalt" an. Das kann nicht die Lösung sein. Er tat mir echt leid, aber selbst, wenn ich wollte, konnte ich nichts für ihn tun. „Halte durch, mein Freund, du kommst sicher bald wieder raus", versuchte ich tröstende Worte zu finden. Eigentlich wollte ich ihn nicht mit meinen Problemen belasten, aber er hakte nach. So erzählte ich ihm von meinem Leid am Auge, dass ich meinen Führerschein abgeben musste und dazu auch noch den Job verloren hatte.

„Das tut mir sehr leid für dich. Ich hoffe, es geht dir bald wieder besser. Die Klinik, in der ich mich gerade befinde, liegt übrigens nur knapp fünfzig Kilometer von dir. Ich würde mich sehr freuen, wenn du mich mal besuchen kommen würdest", sagte er, ehe wir wieder auflegten.

Als ich meine sechs Theoriestunden in der Fahrschule hinter mich gebracht hatte und einmal gefahren war, nannte man mir den Termin für die theoretische Prüfung. In den letzten Tagen hatte ich mir eine App für den Mofa-Führerschein aufs Handy geladen. So konnte ich jederzeit lernen, trotz Augenprobleme. Viele Fragen waren sehr fachbezogen und ich wollte sichergehen, die Prüfung auf Anhieb zu bestehen. Aber am Tag vor der Prüfung traten meine Augenprobleme wieder verstärkt auf. So rief ich in der Fahrschule an, weil ich wissen wollte, ob sich der Termin für die anstehende Prüfung notfalls verschieben ließe.

„Nein, das geht leider nicht. Sie sind bereits angemeldet", hieß es. Zum Glück hatte ich am nächsten Tag keine Schmerzen und ich bestand die theoretische Prüfung mit null Fehlern. Noch nicht einmal darüber konnte ich mich freuen, denn ich war viel zu sehr mit mir beschäftigt. Die Schmerzen wurden nicht besser, so dass ich mich letztendlich in eine Augenklinik begab. Allein die Anfahrt mit öffentlichen Verkehrsmitteln war eine Tortur für mich. Endlich dort angekommen, musste ich erstmal geduldig warten.

Der Arzt schaute ziemlich gelassen, als ich ihm von dem Problem erzählte, welches mich schon seit längerer Zeit ziemlich belastete.

„Sie haben Glück und können morgen wiederkommen. Wir werden versuchen, die oberflächliche Verletzung der Hornhaut mit einem Messer abzuschaben. Die Operation wird keine fünf Minuten dauern. Bis morgen in aller Frische", hieß es.

Am Folgetag war ich mächtig aufgeregt und etwas ängstlich zugleich, denn Operationen bergen immer Risiken. Aber wer schmerzfrei weiterleben will, muss sich der Sache stellen. Erneut waren es die öffentlichen Verkehrsmittel, die mich in die Klinik brachten. Mit unzähligen Leuten saß ich im Warteraum. Zwar plagten mich Angstgefühle, jedoch setzte ich große Hoffnungen auf die bevorstehende Operation

Endlich wurde ich aufgerufen. Zunächst gab man mir in unregelmäßigen Zeitabständen betäubende Augentropfen.

Dann verabreichte man mir eine Betäubungscreme rund um das linke Auge. Es folgte der fünfminütige Eingriff, so dass die Verletzung der Hornhaut mit einem Messer abgeschabt werden konnte. Ich versuchte mich dabei möglichst wenig zu bewegen, damit keine Komplikationen auftreten konnten. Dabei kamen mir die paar Minuten vor wie eine halbe Ewigkeit. Hinterher hieß es: „Sie werden vermutlich weitere achtundvierzig Stunden Schmerzen haben. Es kann sein, dass es danach besser wird, aber eben auch nicht. Wenn nicht, kommen Sie wieder und dann muss eine Laserbehandlung durchgeführt werden." Als Schutzmaßnahme bekam ich eine Kontaktlinse, die jedoch am nächsten Tag wieder von meinem Augenarzt entfernt werden sollte. Nach der Operation fuhr ich mit der Bahn zurück und ein Nachbar holte mich vom Bahnhof ab.

Wie vorhergesehen, hielten die Schmerzen am nächsten Tag an. „Sind sie sicher, dass ich die Linse rausnehmen soll?", wollte der Augenarzt von mir wissen. „Der Arzt aus der Klinik hat mir das jedenfalls so erzählt", klärte ich ihn auf.

„In Ordnung. Kommen sie trotzdem in ein paar Tagen erneut zur Kontrolluntersuchung. Unterdessen werde ich ihre Krankmeldung um weitere zwei Wochen verlängern", sagte der Augenarzt abschließend. Obwohl die Schmerzen allmählich nachließen, befolgte ich den Rat des Arztes und ging vorsichtshalber nach ein paar Tagen noch einmal zur Untersuchung. Endlich wurde mir bestätigt, dass keine offenen Verletzungen mehr sichtbar waren. Erleichtert verließ ich die Praxis.

Draußen musste ich allerdings ständig blinzeln. Lichtempfindlichkeit und verschwommenes Sehen waren Begleiterscheinungen, mit denen ich nach wie vor zu kämpfen hatte. Ein Freund sagte, er sei vor ein paar Jahren am Auge operiert worden und habe sich direkt im Anschluss eine Augenklappe aus der Apotheke besorgt.

„Das wird dir definitiv helfen." Den Rat nahm ich gerne an und suchte die nächste Apotheke auf. In den folgenden zehn Tagen war die Augenklappe tatsächlich eine unschätzbare Hilfe und eine verdunkelte Sonnenbrille schützte mich ebenfalls vor blendendem Sonnenlicht.

Allmählich ging es mir gesundheitlich wieder besser und meine Gebete wurden anscheinend erhört. Nachts konnte ich wieder einigermaßen gut schlafen und der anstehende Morgen begann ohne weitere Komplikationen. Als meine Eltern sicher gehen konnten, dass ich mich auf dem Weg der Besserung befand, beschlossen sie, wieder in die Türkei zu fliegen. Ein enger Freund erklärte sich bereit, uns allesamt zum Flughafen zu fahren. Später, als der Tag angerückt war und wir uns im Flughafengebäude in Hannover befanden, verabschiedeten wir uns voneinander und ich wünschte ihnen nur das Beste für die nächsten Monate.

Kapitel 27

Wie ein Lauffeuer machte es die Runde und ich erfuhr voller Entsetzen, dass mein langjähriger Freund ganz plötzlich verstorben war. Ein heftiger Schlag, der mir fast den Boden unter den Füßen wegriss. Die Klinik sollte ihn eigentlich für einen Neuanfang vorbereiten. Stattdessen erlitt er einen Herzinfarkt und verlor sein Leben. Ich schrie, weinte, zitterte und war gelähmt vor Fassungslosigkeit. Noch vor ein paar Tagen hatte ich mit ihm geredet und dann so eine schreckliche Nachricht. Nicht einmal besuchen konnte ich ihn aufgrund meiner gesundheitlichen und persönlichen Umstände. Nach dem Tod meines Freundes verfiel ich in eine weitere, depressive Phase. Die Tränen flossen ununterbrochen und mein Kopf schien zu platzen. So voll war er mit dunklen Gedanken.

Mein Geburtstag sollte immerhin ein bisschen Licht in mein Leben bringen, stattdessen kam noch mehr Dunkelheit und tiefe Trauer dazu.

Den Verlust meistere ich schon irgendwie und werde mich damit auseinandersetzen, dachte ich mir. Schließlich hatte mir mein Umfeld oft genug versichert, wie stark ich sei. Allerdings fühlte ich mich wie abgeschnitten von meinen Mitmenschen, die weiterhin in den Supermarkt gingen oder morgens entschieden, welchen Pulli sie anziehen sollen.

„Es gibt ein Licht, irgendwo da draußen, welches mir eines Tages helfen wird, wieder ein glückliches Leben führen zu können. Manche Wunden heilen nie, müssen aber akzeptiert werden, weil ansonsten ein normales Leben nicht möglich ist."

Das neue Jahr konnte jedenfalls nicht schlimmer beginnen. Nach vier oder fünf trostlosen Wochen meldete sich ein anderer Freund namens Yusuf bei mir. „Wenn du magst, hole ich dich heute Abend ab und wir ziehen um die Häuser. Etwas Abwechslung wird dir sicherlich guttun." Ich sagte zu und am Abend führte uns unser Weg in eine gut besetzte Bar. Die laute Musik hämmerte auf mich ein.

Wir bestellten etwas zu trinken und ich schüttete ein Glas nach dem anderen in mich hinein. Umgeben von Licht und Menschen war es leichter, das Monster zu besiegen, welches mich innerlich auffraß. An diesem Abend gönnte mir die Verzweiflung eine Ruhepause. Ich verfiel in eine Art Dämmerzustand und war für die Gesellschaft meines Freundes dankbar. Nach nur ein paar Stunden verließen wir die Bar wieder. Ich wollte nur noch nach Hause, die Augen schließen und alles vergessen. Spätestens am nächsten Morgen kamen wieder diese seltsamen Fragen in mir hoch: Ob es eine Wiedergeburt gibt und das Leben auf der Erde nur eine Durchreise ist?

Kapitel 28

Mehr als die Hälfte der Menschen glaubt - auf die eine oder andere Weise - an ein Leben nach dem Tod.

Viele glauben, dass uns Verstorbene kontaktieren können. Manche glauben sogar, dass uns Menschen im Traum begegnen, zu denen wir noch eine tiefe Verbindung haben oder mit denen wir vielleicht sogar seelenverwandt sind. Schutzengel soll es übrigens genauso geben. Ich weiß nicht, was mich dazu bewegt, aber ich möchte über eine persönliche Erfahrung berichten. Nämlich über das Thema „Gläserrücken". Darunter versteht man ein spirituelles Ritual, bei dem versucht wird, Kontakt zu verstorbenen Seelen aufzunehmen. Speziell bei Jugendlichen ist das Ritual sehr beliebt, doch auch wenn es oft so bezeichnet wird, handelt es sich dabei gewiss um kein Spiel. Es ist viel eher eine grenzwertige Erfahrung, die durchaus Gefahren in sich birgt.

Daher ist eine gesunde Portion Vorsicht ratsam.

Als ich fünfzehn Jahre alt war, fuhren wir in den Sommerferien wie jedes Jahr in die Türkei. Mein älterer Cousin hatte sich einige Monate vorher verlobt und nach unserer Ankunft im Land, würde schon bald die Hochzeitsfeier stattfinden.

In einem Brief, der uns noch vor der Abreise erreichte, fanden sich mehrere Fotos von der Verlobung. Das zukünftige Paar posierte stolz auf mehreren Bildern. Die gleichaltrige, jüngere Schwester der Verlobten meines Cousins war ebenfalls auf einem dieser Bilder zu sehen. Sie stach mir auf Anhieb ins Auge. Später, bei unserer Ankunft in der Türkei, wurden wir von vielen Verwandten herzlich begrüßt. Wir fielen uns alle um den Hals und drückten uns um die Wette. Mit Reden, Trinken und Essen zog sich der erste Abend bis spät in die Nacht. Wir genossen jede Minute, die wir zusammen waren.

Am nächsten Tag fuhr mein älterer Cousin mit mir in einem Dolmuş (ein typisches Verkehrsmittel in der Türkei, ein kleiner Bus mit ca. sechzehn Sitzplätzen) in die nahegelegene Stadt seiner Verlobten, um dort süße, türkische Leckereien zu kaufen. Bei dieser Gelegenheit wollte er mich der Familie kurz vorzustellen. Schon vor der Haustür wurden wir herzlich von der übers ganze Gesicht lachenden, zukünftigen Braut begrüßt. Wir übergaben die mitgebrachten Süßigkeiten und wollten schon wieder gehen, als mein Cousin daran erinnert wurde, dass er vergessen hatte noch etwas abzugeben bzw. mitzubringen. Ich weiß heute nicht mehr genau, was es war. Was ich jedoch weiß, ist, dass ich am nächsten Tag zusammen mit meinen beiden jüngeren Cousinen das vergessene etwas zu der Familie brachte, weil mein Cousin am Folgetag keine Zeit dazu hatte.

Wir betraten das große Haus und wurden von allen Familienmitgliedern herzlich begrüßt – unter anderem von der Mutter der Verlobten (der Vater lebt nicht mehr), dem älteren Bruder und seiner Frau, der jüngeren Schwester in meinem Alter, einer weiteren Schwester von elf Jahren und dem jüngeren Bruder von dreizehn Jahren. Wir stellten uns gegenseitig vor und nebenbei wurde das Mittagessen zubereitet. Ohnehin kamen wir spätnachmittags an und als es Abend wurde, versuchte man uns davon abzuraten, noch nach Hause zu fahren. „Ihr werdet um diese Uhrzeit sicherlich Schwierigkeiten haben, einen Dolmuş zu finden. Im Nebenraum könnt ihr schlafen und somit morgen früh rechtzeitig aufbrechen." Wir blieben – auch den darauffolgenden Tag.

Erst am dritten Tag fuhren wir wieder heim. Wir fühlten uns einfach sehr wohl bei der neuen Familie meines Cousins.

Ich habe keine Erklärung dafür, aber nach exakt 24-Stunden befand ich mich erneut im Kreis dieser Familie, die mich Anzug wie das Licht die Motten.

Schon beim Frühstück musste ich oft aus vollem Halse lachen, wenn das zweite Familienoberhaupt, also der älteste Sohn der Familie, Witze erzählte. Jedes Familienmitglied strahlte andauernd und man konnte die Echtheit dahinter spüren. Natürlich war die Vorfreude auf die anstehende Hochzeit ebenso groß. Voller Harmonie verbrachten wir viele Stunden miteinander bis spät in die

Nacht hinein. Mit der gleichaltrigen Schwester verstand ich mich ebenfalls blendend und die Anziehung beruhte auf Gegenseitigkeit.

Eines Abends bekam die Familie Besuch aus der Nachbarschaft. Es wurde traditionell Tee getrunken und man redete über Gott und die Welt, unter anderem über das Thema „Gläserrücken". Ich hörte interessiert zu und beobachtete später, wie Buchstaben von A bis Z, Zahlen von Null bis Neun und die Wörter JA und NEIN auf ein einfaches DIN A4 Papier aufgeschrieben wurden.

Der Mann, der zu Besuch war, erklärte weiter, dass alle Teilnehmer sich voll und ganz auf das Ritual einlassen und sich nun darauf konzentrieren sollten. Für eine besonders spirituelle Atmosphäre wurde das Licht bis auf ein Minimum reduziert. Draußen war es bereits dunkel.

Im Schneidersitz saßen wir mit fünf oder sechs Personen auf dem Boden um einen runden Tisch.

In der Mitte des Tisches befand sich ein Glas, das mit der Öffnung nach unten zeigte. Dieses wurde von den Teilnehmern mit jeweils einem Finger berührt. Als eine gewisse Ruhe eingekehrt war, stellte jemand aus der Runde die erste Frage - und zwar, ob der Geist denn da wäre.

Dieser Moment im Dunkeln war sehr spannend, aber auch echt gruselig. Erst passierte gar nichts.

Es dauerte endlose Minuten und nach wiederholtem Rufen bewegte sich das Glas plötzlich zaghaft. Langsam

rutschte es zuerst zum E, dann zum V, dann wieder zum E und schlussendlich zu dem Buchstaben T – „Evet" (Ja).

Mich schauderte es. Im selben Moment bekam ich eine Gänsehaut und ich spürte, dass mein Herz schneller pochte als zuvor. „Geist, wie ist dein Name?", stellte jemand die Frage auf türkisch.

Das Glas wanderte erneut langsam über den Tisch. Erst zum Buchstaben A, dann zum L und bei I blieb es stehen. Unser Geist hieß „Ali".

Ich saß stumm da und beobachtete faszinierend das gesamte Szenario. Plötzlich fragte die Verlobte meines Cousins, wie der Geist denn verstorben sei. Eigentlich wollte ich das nicht so genau wissen, aber das Glas bewegte sich erneut. Hinterher bildeten die aneinandergereihten Buchstaben das Wort „Autounfall". An die restlichen Fragen erinnere ich mich nicht mehr. Nur daran, dass wir nach gut fünfzehn Minuten das mystische Ritual abrupt beendeten, weil einigen Teilnehmern angst und bange wurde.

Als es wieder heller im Raum war, sagte der Mann: „Ihr ruft den Geist, schön und gut, aber wie könnt ihr sicher sein, dass er das Haus wirklich wieder verlassen wird?" Wir saßen da, ohne wirklich eine Antwort darauf geben zu können.

„Musste man sich denn wirklich verabschieden?", fragte ich mich. Mir war nicht so ganz wohl bei der Sache und ehrlich gesagt hatte ich neben Angst auch großen

Respekt vor dem Ritual. Dennoch bin ich damals davon sehr beeindruckt gewesen.

In den nächsten Tagen fuhr ich wieder zu meinen Eltern, die frisch Verliebten heirateten und der Abschied von der neuen Familie kostete mich zahlreiche Tränen.

Wieder zurück in Deutschland, erzählte ich einigen Freunden von diesem mystischen Erlebnis. Allerdings auch darüber, dass man dabei ernst bleiben müsse und sich nicht albern benehmen dürfe, was in unserem Alter gar nicht so leicht war. Schließlich waren wir fröhliche Teenager und noch lange nicht beim Ernst des Lebens angelangt. Im Kreis meiner Freunde waren einige daran interessiert, dieses Ritual einmal selbst auszuprobieren. Hier und da praktizierten wir es, bis der Reiz langsam, aber sicher nachließ, ohne dass etwas Spektakuläres passierte, wie man es manchmal von anderen hört.

Kapitel 29

Das Selbst ist ein illusionäres Ding - das Selbst existiert nicht wirklich. Es ist nur geboren worden aus der Koordination der Sinne und all den psychologischen Inhalten, welche das Selbst kreieren. Es hat keine eigenständige Existenz. So muss es ständig erinnert werden: „Ja, du bist da. Es gibt dich sehr wohl." Und das geschieht, wenn dich jemand liebt. Dann fühlt man sich ständig bestärkt und vor allem die Realität eures Seins. Dass ihr gebraucht werdet und daher gibt es euch. Das gibt euch ein schönes Gefühl von Sicherheit. Nur wer die Liebe zu sich selbst entdeckt hat, kann sie auch weitergeben.

Zu dieser Zeit fand ich meine erste, große Liebe. Es war allgemein ein schönes Gefühl, verliebt zu sein und geliebt zu werden.

Ein Grundbedürfnis für Alt und Jung.

Die Halbitalienerin berührte mein Herz und ich genoss die Zeit mit ihr, bis ihr sizilianischer Vater hinter unserer heimlichen Beziehung kam und sie aus Angst vor ihm mit mir Schluss machte.

Durch eine gemeinsame Freundin kreuzten sich nach etwa vier Jahren unsere Wege erneut und das Schicksal brachte uns wieder zusammen. Wir freuten uns aufeinander, trafen uns beinahe täglich und ermutigten uns zu gegenseitiger Liebe. Schließlich kannten wir uns von früher und hatten uns immer gut verstanden.

„Ich halte es im Elternhaus nicht mehr länger aus. Deshalb werde ich wohl ausziehen", sagte sie nach ein paar Monaten. „Das am liebsten mit Dir." Nach Jahren erfuhr ich übrigens, dass sie den Schluss des Satzes eigentlich nur laut gedacht hatte. Ihre lauten Gedanken brannten sich jedoch ein in meinem Kopf und boten Spielraum für neue Möglichkeiten. Plötzlich machte ich mir ernsthafte Gedanken darüber.

„Warum nicht?", stimmte ich nach anfänglicher Skepsis zu. „Wir kennen uns, behandeln uns mit Respekt, verstehen und lieben uns. Wir schaffen das schon." Ich wollte mich nicht nur den Herausforderungen stellen und einen neuen Lebensabschnitt beginnen, sondern ebenso Verantwortung übernehmen und unabhängig sein.

Meine Eltern waren zunächst geschockt von der Idee und hielten überhaupt nichts davon. Am nächsten Tag fragten sie mich, ob ich das wirklich wollte und wenn ja, wie ich denn mein künftiges Leben finanzieren würde. Damals war ich neunzehn Jahre alt und befand mich noch in der Ausbildung.

„Ich könnte BAB (Berufsausbildungsbeihilfe) beantragen. Somit würde man unsere komplette Miete bezahlen. Sie geht schließlich auch arbeiten. Das bekommen wir schon irgendwie hin", sagte ich voller Zuversicht.

Gesagt, getan. Wir begaben uns auf Wohnungssuche und wurden schon bald fündig. Nachdem wir die Wohnung besichtigt und für gut befunden hatten, unterschrieben wir gemeinsam den Mietvertrag.

Dann kam der Tag, an dem ich entgegen unserer Tradition als noch unverheirateter Deutschtürke mein Elternhaus verließ und mit meiner Freundin zusammenzog.

Zwar flossen etliche Tränen bei meinen Eltern, aber ich beruhigte sie, es bestehe kein Grund zur Besorgnis. Außerdem sahen wir uns regelmäßig und unsere neue Wohnung war gerade mal acht Kilometer entfernt. Jedenfalls organisierte ich den Umzug mit Freunden und nur zwei Tage dauerte es, bis wir beide unser Hab und Gut in den gemeinsamen Räumlichkeiten verstaut und uns eingerichtet hatten. Zudem schaute ich mir öfter mal an den Wochenenden die Zeitungsannoncen durch, wo immer wieder nützliche Dinge verschenkt wurden.

Ein türkisches Sprichwort besagt: Wer früh aufsteht, wird schneller reich. Jedoch hatte ich nicht im Geringsten den Drang, reich zu werden. Aber ich hatte Spaß daran, Schnäppchen zu machen. Gutes Besteck, schicke Accessoires bis hin zu edlen Möbelstücken gingen nach und nach in unseren Besitz über und schmückten die Räume.

„Unsere Wohnung ist so gemütlich und schön", sagte sie immer wieder, was mich jedes Mal mächtig stolz machte. Finanziell kamen wir gut über die Runden und jeder hatte seine Aufgaben.

Unsere Wohnung war immer sauber und ordentlich und wir verstanden uns super gut. Darüber hinaus war sie eine ausgezeichnete Köchin und jeden Tag schmeckte es fabelhaft. Soziale Kontakte sind natürlich wichtig und gelegentlich kamen uns Freunde besuchen und wir verbrachten in netter Atmosphäre schöne, gemeinsame Stunden.

Eines Tages kam ein türkischer Freund zu uns. Er redete nicht lange drumherum und ließ uns ohne Umschweife wissen, was der Anlass für seinen Besuch war.

„Ich weiß, dass ihr früher hin und wieder Gläserrücken gespielt habt. Nun würde ich das genauso gern einmal ausprobieren wollen, obwohl ich Bedenken habe, dass das tatsächlich funktioniert. Aber ich würde so gern mit meiner verstorbenen Mutter (sprechen) kommunizieren wollen. Mir würde schon ein einziges Mal reichen, danach meinetwegen nie mehr wieder!" Ich war ziemlich erstaunt und wusste im ersten Moment nicht, was ich darauf antworten sollte. Denn es war mittlerweile viele Jahre her, seit ich zuletzt etwas mit diesem Ritual zu tun hatte.

Auf garkeinen Fall wollte ich es riskieren, dass irgendwelche unsichtbaren Gestalten in unserer neuen Wohnung herumgeisterten. Daher stimmte ich nicht zu. Meine Freundin hingegen bekam leuchtende Augen und sagte, dass sie schon seit längerer Zeit wieder Lust darauf hätte. Zwei gegen einen – somit musste ich nachgeben.

Wieder einmal bekam ich Gänsehaut und mein Herz schlug schneller als gewohnt. Denn schließlich ist es alles andere als normal, wenn man Kontakt mit den Seelen Verstorbener aufnimmt.

Sofern ein Geist auftaucht, beantwortet er die gestellten Fragen. Die Antworten können wahr oder unwahr sein und manchmal sogar sehr verstören. Man ist also gut beraten, nicht immer alles zu glauben, was der Geist beim Gläserrücken von sich gibt. Viele fragen sich, ob das Gläserrücken tatsächlich funktioniert. Ja, liebe Leute, das tut es. Auch wenn es dafür keine rationale Erklärung gibt. Zwischen Himmel und Erde passieren nun mal viele Dinge, die wir nicht verstehen.

Sie passieren dennoch. Tore zu einer Zwischenwelt zu öffnen, ist mit Sicherheit sehr spannend und reizvoll. Allerdings bringt es auch Gefahren mit sich. Manche Tore sollten besser geschlossen bleiben, vor allem dann, wenn man nicht genau weiß, was sich dahinter verbirgt.

Wir beschrifteten den Zettel ringförmig mit Buchstaben und Zahlen und setzten die Antwortmöglichkeiten „Ja" und „Nein" innerhalb des Buchstaben- und Zahlenkreises. Nachdem wir den Raum abgedunkelt hatten, zündeten wir eine Kerze an. Das Glas wurde umgedreht und alle Teilnehmer legten die Fingerkuppen des Zeigefingers oben auf. Jede Form der Ablenkung war nun tabu und wir konzentrierten uns voll und ganz auf das Ritual. Nach etwa einer Minute fing meine Freundin an zu reden und fragte: „Bist du da, lieber Geist?" Die folgenden Minuten passierte gar nichts, bis sich das Glas dann plötzlich bewegte und die Antwort „Ja" lautete. „Wie ist dein Name?", wollte sie weiterwissen.

„Ich bin dein Schutzengel und ich werde dich immer beschützen", bekamen wir als Antwort. Wir schauten uns etwas irritiert an. Dann wollte sie wissen, ob ihr Schutzengel männlich oder weiblich sei.

„Mein Name ist Stephania und ich bin die verstorbene Mutter deines Vaters. Seitdem ich nicht mehr lebe, beschütze ich dich."

„Aber ich war gerade mal drei Jahre, als du mit Mitte dreißig an Brustkrebs verstorben bist. Deshalb habe ich dich nie wirklich kennengelernt", gab meine Freundin von sich. Nun mischte ich mich ein und schlug ihr vor, sie möge doch dem Geist allerlei familiäre Fragen stellen, der diese dann beantworten sollte. Am besten auf italienischer Sprache.

Als ob unsere Finger eine Einheit mit dem Glas bildeten, wurden sie durch unsichtbare Kräfte beinahe magisch über den Tisch geleitet. Das Glas schien gar nicht mehr stillstehen zu wollen und wanderte von Buchstabe zu Buchstabe. Folgende Sätze entstanden dabei: „Betet zu Gott, denn ihn gibt es wirklich und versucht nicht, Gott nach irdisch - weltlichen Maßstäben zu beurteilen. Er ist so gut und gnädig. Jetzt hat er mich zu einem Engel gemacht und ich darf nicht nur das Paradies mitbewachen, sondern darin auch ganz normal und friedlich weiterleben. Nur dass es hier viel schöner ist. Die Hölle existiert übrigens ebenso!" Wir bekamen alle gleichzeitig eine Gänsehaut und waren stumm wie die Fische. Bald darauf meldete sich mein Freund zu Wort. Er war bis jetzt nur ein stiller Teilnehmer gewesen und sprach nun weiterhin skeptisch sein Anliegen an: „Meine eigene Mutter ist vor kurzem verstorben und ich würde gern mit ihr kommunizieren, wenn das möglich ist."

Einen Moment passiert nichts, dann ließ uns der Geist über die Buchstaben Folgendes wissen: „Mit den Toten in Kontakt treten zu wollen, ist keine gute Idee. Im Übrigen ist das nach dem islamischen Glauben sogar eine Sünde. Denn man sollte die Toten in Ruhe lassen. Wenn ihr einen Moment warten möchtet, werde ich sie trotzdem aufsuchen und fragen, ob sie bereit ist, mit dir zu reden." Wir waren einverstanden und legten eine fünfminütige Pause ein. Eine kurze Verschnaufpause tat uns allen gut – Zeit, um mehrmals tief durchzuatmen.

Wir nahmen einen zweiten Anlauf und fragten, ob sie wieder zurück sei. Sie bejahte unsere Frage und ließ uns wissen, dass die verstorbene Mutter des Freundes sich nun neben ihr befinde. Aber weil das Ritual nach ihrem muslimischen Glauben eine Sünde darstellte, überließ sie das Antworten der „verstorbenen Oma Stephania". Mein Freund stellte zunächst nur banale Fragen, wie zum Beispiel, ob es der verstorbenen Mutter gut ginge. Seine nach wie vor anhaltende Skepsis war spürbar. Vielleicht dachte er ja, dass einer von uns das Glas unbemerkt schieben würde. Dann stellte er die wichtigste Frage überhaupt und rückte mit folgender Ansage raus: „Was waren deine letzten Worte an mich, als ich als einziger an deinem Sterbebett weilte?"

Prompt bewegte sich das Glas zu den Buchstaben: „Du bist anders, anders als deine drei Geschwister!"

Ich war zutiefst gerührt und meine Emotionen hatten seinen Höchststand erreicht. Dieser Moment war sehr bewegend. Wie in Trance beobachtete ich das Szenario weiter. Mein Freund schien ziemlich mitgenommen und erhob sich im selben Moment.

Er zeigte keine Mimik und sein Blick schien durch die Zahlen und Buchstaben hindurchzusehen. Dabei liefen ihm Tränen übers Gesicht.

Im selben Moment spürte ich, wie mir plötzlich kalt wurde. Als ob ein leichter Windzug über meine Haut streichen würde. Irgendwie war ich erleichtert, meinem Freund den Beweis dafür geliefert zu haben, dass weder ich noch meine Freundin geschummelt hatten. Die verstorbene Stephania ließ uns gleich danach wissen, dass die verstorbene Mutter nun wieder zurückgehen wollte.

Ohne weitere Fragen gestellt zu haben, erfuhren wir folgendes. „Nach muslimischer Art werdet ihr beide noch kurz ein Gebet halten, sobald wir zum Ende kommen werden und du wirst deinen Freund über einen anderen Weg nach Hause fahren." Ich hatte meinen

Freund tatsächlich zuvor mit meinem Auto von zu Hause abgeholt. Auf Nachfrage, wieso und weshalb ich diesmal einen anderen Weg nehmen sollte, bekamen wir jedoch keine Antwort. *Wurden wir etwa vor lauernden Gefahren gewarnt?* Jedenfalls bedankten wir uns zum Schluss und verabschiedeten uns. Anschließend beteten wir und ich fuhr meinen Freund über eine andere Wegstrecke nach Hause. Mir war nach alledem nicht ganz wohl, dass wir dieses mystische Spiel in unseren eigenen vier Wänden praktiziert hatten.

Keine zwei Tage später kam der jüngere Bruder des Freundes, der gleichzeitig auch mein alter Klassenkamerad war, zu uns zu Besuch.

„Mein Bruder hat mir vom Gläserrücken erzählt und dass ihr dieses Ritual durchgeführt habt. Ich möchte das auch mal ausprobieren. Kommt schon, wir machen das auch nur einmal und nie wieder." Ich zögerte zunächst. *Was soll`s, ob einmal mehr oder weniger*, dachte ich mir schließlich.

Schnell hatten wir alles vorbereitet, dunkelten den Raum ab, zündeten eine Kerze an und konzentrierten uns wie gewohnt auf das Ritual. Die Anspannung stieg und mein Puls fuhr mal wieder in die Höhe. Meine Freundin meinte, sie würde versuchen, direkt nach ihrem Schutzengel, also nach ihrer verstorbenen Oma zu rufen. So begann sie mit ihrer Fragestellung und versuchte, die verstorbene Oma zu kontaktieren. Wieder vergingen

Minuten, in denen nichts passierte. Wie aus dem nix bewegte sich das Glas dann urplötzlich zaghaft und bestätigte uns kurz darauf, dass sie da war. Natürlich blieben wir zunächst skeptisch und stellten daher erneut Fragen zum familiären Umfeld, auf Deutsch sowie auf Italienisch.

Diese wurden ausnahmslos richtig beantwortet. Neugierig stellte der ehemalige Klassenkamerad seine erste Frage: „Werde ich demnächst meine Gesellenprüfung bestehen?"

Das Glas wanderte zum „Nein". Verblüfft wie er war, wollte er nun wissen, welchen Teil der Prüfung er denn nicht bestehen würde. „Praxis", also die praktische Prüfung, lautete die Antwort. „Das überrascht mich jetzt aber. Ich hätte eher damit gerechnet, den theoretischen Teil nicht zu schaffen."

Es folgte eine weitere Frage seinerseits. Diesmal wollte er wissen, ob ich meine anstehende Prüfung bestehen würde, die genau in sechs Monaten stattfinden sollte.

„Das möchte ich doch gar nicht wissen. Wieso stellst du die Frage, ohne mich vorher zu fragen?", fragte ich aufgebracht. Ausgerechnet diese Frage, wo ich doch so große Prüfungsangst hatte. Während wir noch diskutierten, wanderte das Glas zu meinem Erstaunen zum „Ja". - „Echt? Mit wie viel Prozent werde ich die jeweiligen Prüfungen bestehen?", wollte ich nun doch etwas erleichtert wissen. „Theorie 78% und die praktische Prüfung mit 65%", lautete die Antwort.

Was dann noch folgte, daran habe ich keine genaue Erinnerung mehr. Nur daran, dass man uns mit wunderbaren Worten Gottes bereicherte, die unter die Haut gingen.

Die Wissenschaft sagt im Übrigen zu diesem Ritual, dass jede Emotion minimale Muskelkontraktionen auslöst. So gering, dass man sie nicht wahrnimmt. Wenn sich dann aber mehrere Menschen emotional auf eine gemeinsame Sache konzentrieren, verbinden sich die Minimalbewegungen so, dass davon ein Glas in Bewegung geraten kann. „Der Rest ist Schiebung", heißt es.

Natürlich ungewollt. Meine persönliche Meinung dazu lautet wie folgt: „Nicht jede Wissenschaftstheorie kann umfassend der Wahrheit entsprechen, denn manche Dinge lassen sich nun mal nicht in eine logische Ordnung bringen. Zudem denke ich, dass wir noch ziemlich in den Anfängen sind, was die gesamte Erforschung unserer Welt angeht."

Übrigens hatte diesmal meine Freundin als einzige ihren Zeigefinger auf dem Glas. Denn ihre verstorbene Oma sagte ihr beim letzten Mal, aufgrund dass sie eine reine Seele habe, dass sie immer da sein würde, sobald sie sie rufen würde. Daher zogen wir unsere Finger zurück, platzierten uns und beobachteten was auf dem Tisch passierte. Abschließend bedankten wir uns und beendeten das Ritual.

Gut eine Woche später rief mich genau dieser Freund an und stieß aufgebracht hervor: „Hätten wir das bloß nie gemacht. Genau wie sie sagte, so ist es auch tatsächlich eingetreten. In einem halben Jahr muss ich die praktische Prüfung wiederholen!" Ich hingegen bestand tatsächlich ein halbes Jahr später beide Teile meiner Gesellenprüfung gleich beim ersten Anlauf. Zu unserer großen Verwunderung haargenau mit der vorhergesagten Prozentangabe.

Unser Alltag sollte sich fortan ändern. Ich kam nach Hause und traute meinen Augen nicht - meine Freundin saß am helllichten Tag allein in der Küche und „plauderte" mit ihrer verstorbenen Oma! Nur die Gardine war zugezogen, so dass der Raum minimal abgedunkelt war.

„Wieso machst du das?", zischte es nur so aus mir heraus.

„Ich wollte ihr nur einige, persönliche Fragen stellen." Gegen meinen Willen wurde ich miteinbezogen, denn die verstorbene Stephania richtete das Wort ebenso an mich. In meiner Erinnerung flog das Glas regelrecht von Buchstabe zu Buchstabe.

„Ihr seid füreinander bestimmt und wenn es sogar unglaubwürdig klingen mag, habt ihr mit euren Kindern schon in einem früheren Leben glücklich zusammengelebt."

„Es ist so lange her, dass ihr euch heute nicht mehr daran erinnern könnt. Aber natürlich kann sich das Blatt wenden und ihr könnt das Schicksal negativ beeinflussen, so dass ihr euch doch nicht verstehen werdet und auseinander geht. Ich werde jedenfalls immer auf sie aufpassen und wenn es sein muss, sie auch vor dir beschützen."

Wahnsinn... Was für tolle Botschaften, dachte ich mir.

Es wurde sogar noch kurioser. Denn in der Folgezeit entging mir nicht, dass ich von der Oma beobachtet wurde. Egal, wo ich mich gerade befand, konnte ich sichergehen, dass diese Aktion oder Information spätestens bei meiner Freundin landete. Das war der Zeitpunkt, an dem mir das alles zu viel wurde und ich redete auf meine Freundin ein, endlich damit aufzuhören. Aber ich konnte sie ja nicht rund um die Uhr kontrollieren, von daher machte sie das oft heimlich weiter.

Das ging solange gut, bis nach einigen Wochen ein Bekannter von mir in jungen Jahren durch einen Autounfall ums Leben kam. Mal wieder wurde ich unfreiwillig Teil des Rituals, denn die Oma erzählte nebenbei, dass es da jemand gäbe, der mich gerne sprechen würde und ob ich damit einverstanden wäre?

Ich ahnte schon, dass es sich dabei um den verstorbenen Bekannten handeln könnte und stimmte widerwillig zu.

Meine Befürchtung bewahrheitete sich. Es klingt irre, aber wir begrüßten uns, als ob nichts passiert wäre. Nur mit dem Unterschied, dass ich ihn nicht sehen konnte. Es war gerade einmal vierundzwanzig Stunden her, dass er verstorben war. „Wo bist du jetzt?", wollte ich wissen. „Ich muss darauf warten, bis ich an der Reihe bin. So gesehen habe ich dann eine Art Gerichtsverhandlung, in der meine Taten zu Lebzeiten aufgewogen bzw. aufgetischt werden. Dann wird entschieden, ob ich in den Himmel oder in die Hölle komme. Übrigens, es gibt Gott wirklich, obwohl ich zu Lebzeiten nie an ihn geglaubt habe." Ich sagte nichts dazu. Nicht, weil ich nicht daran glaubte, was er sagte, sondern weil ich mit ihm kurz vor seinem Tod eine kleine Auseinandersetzung hatte. Er hatte zu Lebzeiten sowieso nicht zu meinen engsten Freunden gehört. Auch wenn wir uns nicht immer verstanden und gelegentlich Meinungsverschiedenheiten hatten, respektierten wir uns dennoch.

Dann verlief die Konversation mit ihm plötzlich in eine unschöne Richtung und ich wollte das Gespräch am liebsten beenden. Aber er ließ uns wissen, dass er noch Zeit habe, da er noch nicht verurteilt worden sei. Somit könne er frei umhergeistern und die restliche Zeit in unserer Wohnung verbringen. Mit allen Mitteln versuchte ich mich dagegen zu wehren - vergeblich. Nichts konnte ich dagegen unternehmen und ihn daran hindern, egal wie sehr ich mich darüber aufregte. Er bestätigte meine Befürchtungen: „Spätestens, wenn deine reizende Freundin ihre Augen zum Schlafen schließen wird, kannst du erst recht nichts mehr machen." Die Situation brachte mich beinahe um den Verstand. Heute weiß ich nicht mehr, ob wir das Spiel schlagartig beendeten oder nicht, denn innerlich tobte ich vor Wut. Mir ist bewusst, dass es keinen Menschen gibt, der frei von Angst ist. Denn schon nach kurzer Zeit standen wir ihr völlig hilflos gegenüber. An diesem Abend blieben wir beide möglichst lange wach, bis ihr vor Müdigkeit die Augen zufielen. Kaum war es geschehen, schien es so, dass sie binnen kürzester Zeit in einen Tiefschlaf versunken war. Wenn da nur nicht diese ungewöhnlichen Geräusche gewesen wären, die sie von sich gab - erst leise und auf einmal unnormal schnelle, hektische Atemzüge. Ich geriet in Panik und rief nach ihr, schrie sie richtig an. In der Hoffnung, dass sie wach werden würde. Aber sie schien sehr weit weg zu sein, obwohl ich förmlich an ihr klebte und ganz nah bei ihr war. Da sie nicht wach wurde, rüttelte ich verzweifelt an ihr, aber nicht einmal das half. Erst eine ordentliche Backpfeife, die ich ihr in meiner Verzweiflung verpassen musste, weil ich keine andere Möglichkeit mehr sah, zeigte Wirkung. Mit einem lauten Aufschrei wurde sie endlich wach.

„Was ist passiert, erzähl schon?", fragte ich sie beinahe flehend. Sie war verängstigt und vollkommen außer sich.

„Ich habe einen alten Mann gesehen, ganz in weiß. Er kam immer näher und näher und versuchte, mich zu sich zu ziehen. Zwar rannte ich immer wieder weg von ihm, doch er holte mich jedes Mal ein und versuchte mich festzuhalten." Dieses Horror-Szenario wünscht man nicht mal seinem engsten Feind.

Wir waren beide, wie benommen vor Angst, aber wir wollten in den folgenden Tagen sichergehen, dass der Geist wieder aus unserer Wohnung verschwunden war. Daher setzten wir uns zusammen und riefen erneut aus der Not heraus die verstorbene Oma. „Ja, er ist wieder fort und nicht mehr in der Wohnung", teilte sie uns mit. Dies beruhigte uns vorerst, so dass wir aufatmen konnten. Aber da meine Mitbewohnerin das Spiel leider nicht lassen konnte und immer wieder damit anfing, bekamen wir weitere, kuriose und skurrile Geschichten aufgetischt.

So schön unser Zusammenleben anfangs auch war, hatten wir mittlerweile unsere schöne Wohnung mit dunklen Schatten überzogen. Die Angstgefühle häuften sich und das harmonische Miteinander schien längst der Vergangenheit anzugehören. Wir schafften es jedenfalls nicht, unsere Beziehung aufrechtzuerhalten. Das Ende vom Lied war, dass sie nach nur neun Monaten wieder zurück in ihr Elternhaus zog und ich bis zum Ablauf der dreimonatigen Kündigungsfrist allein in der Wohnung aushalten musste.

Am Anfang hatten wir noch so viele Hoffnungen auf ein glückliches Miteinander, jedoch sollte auf einmal der Traum zu Ende sein. Allein der Gedanke daran, bereitete mir etliche Kopfschmerzen und ich litt allzu sehr unter der Trennung. Aber auch weiterhin allein in der Wohnung verbleiben zu müssen, die womöglich von unsichtbaren Geistern bewohnt war, machte mir richtig zu schaffen.

Trotz der paranoiden Gedanken, die sich mittlerweile bei mir entwickelt hatten, der Angstattacken, die mich an manchen Abenden heimsuchten, weil ich mir manchmal einbildete, Geräusche in der Wohnung gehört zu haben, die es in Wirklichkeit gar nicht gab, versuchte ich ein normales Leben zu führen und ging weiterhin meiner Berufsausbildung nach. Zum Glück hatte ich in wenigen Wochen Urlaub und weil sich zu dieser Zeit meine Eltern in der Türkei befanden, wollte ich ebenfalls hinfliegen, um etwas Ordnung in meinen Kopf zu bekommen. Die Zeit schien im Laufe des Lebens immer schneller zu vergehen und ich wünschte mir nichts mehr als einen Gang runter zu schalten.

Die Tage und Wochen darauf vergingen schnell und die Urlaubszeit stand bevor. In Wirklichkeit sollte diese kleine Auszeit nur dazu dienen, die Trennung besser zu verarbeiten. Sprichwörtlich heißt es: Offene Wunden heilen am besten an der Luft, daher freute ich mich zumindest auf das schöne Wetter im Süden. Mein Koffer war schnell gepackt. Am Abend vor meinem Abflug saß ich gedankenverloren in der Küche und schrieb meiner Ex-Freundin einen Abschiedsbrief. Nachdem ich ganze zwei DIN A4 Seiten geschrieben hatte, erhob ich mich, um ein Glas aus dem Hängeschrank zu holen, da ich etwas trinken wollte.

Dann passiert es:

Wie aus dem nix wurde ich von hinten mehrmals mit einer solchen Wucht gegen den Schrank geschubst, dass ich immer wieder mit dem Kopf dagegen schlug. Ich hatte Schmerzen und keine Kontrolle mehr über mich. Wahrscheinlich war ich im Schockzustand.

Halb benommen, so erinnere ich mich, tappte ich im Dunkeln mit leisen, dumpf klingenden Schritten aus der Küche Richtung Schlafzimmer.

Das Erstaunliche dabei war, dass ich unerklärlicherweise instinktiv wusste, dass das noch nicht alles war. Denn ich spürte, dass da jemand war, der mich regelrecht verfolgte. Aus dem Nichts traf mich im selben Moment ein K.o.-Schlag direkt am Hinterkopf und diesmal stürzte ich zu Boden. Alles, woran ich mich erinnere, ist, dass ich nach dem Schlag alles sehr verschwommen wahrnahm und fürchterliche Schmerzen hatte.

Danach ging bei mir das Licht aus. So lag ich regungslos niedergeschlagen wie noch nie zuvor in meinem Leben - eine gefühlte Ewigkeit lang.

Das könnt ihr mir glauben oder auch nicht. Ich habe das (leider) tatsächlich am eigenen Leib erfahren müssen und es waren sicherlich keine paranoiden Wahnvorstellungen oder ähnliches.

Nach einer undefinierbaren Zeitspanne kam ich endlich wieder zu mir. Zu meinem Entsetzen entdeckte ich einen Blutfleck auf dem Teppich. Ich fühlte mich immer noch leicht benommen, als ich mich ins Badezimmer schleppte und war zu Tode erschrocken, nachdem ich mein Spiegelbild sah. Mein Gesicht war voller Blut und mein Schädel brummte höllisch. Mein Pullover war ebenfalls an einigen Stellen blutüberströmt, daher entschied ich gleich alles auszuziehen und kalt duschen zu gehen. Von der Abkühlung erhoffte ich mir, dass sich mein Körper danach etwas wacher und ein wenig energiegeladener anfühlte.

Erneut schaute ich mich im Spiegel an und stellte bedauerlicherweise fest, dass ich zweifellos aussah, als wäre ich zusammengeschlagen worden – und das ausgerechnet unmittelbar vor meinem Abflug in die Türkei. Es kam, wie es kommen musste. Das Unerklärliche Szenario konnte ich leider nicht mehr rückgängig machen.

Am liebsten wollte ich mich verstecken und mich für die nächsten zehn Tage unsichtbar machen.

Wie ich den Rest der Nacht verbracht habe, daran habe ich keine Erinnerung mehr. Wahrscheinlich war das die längste Nacht meines Lebens. Auf jeden Fall kam am nächsten Morgen ein Freund der Familie, der mich abholen und zum Flughafen bringen wollte. Mir war mehr als unwohl, als ich ihn in der Wohnung empfing. Mit großen, erschrockenen Augen schaute er mich an und sagte: „Hamza, was ist nur passiert? Wurdest du etwa verprügelt?" Da ich wusste, dass mir in nächster Zeit viele Leute die gleiche Frage stellen würden, hatte ich mir eine entsprechende Ausrede zurechtgelegt: „Ich bin blöderweise im Treppenhaus ausgerutscht. Grund dafür war Nässe auf dem Boden. Dabei habe ich mir die Verletzungen zugezogen." Er schaute mich an wie ein Auto und kaufte mir diese Erklärung so gar nicht ab. Zu 100% war ich mir sicher, dass alle Mitreisenden, die sich später mit mir am Flughafen und im Flieger befanden, dasselbe dachten. Es kam noch dicker:

Meine Verwandten hingegen glaubten, dass ich Deutschland vorübergehend verlassen hätte, weil ich Probleme mit irgendwelchen Leuten hatte und somit aus Deutschland geflüchtet sei. Würde ich ihnen die Wahrheit erzählen, würden sie mich für total irre halten und vermutlich sofort einweisen lassen.

All diese Schilderungen beruhen wie bereits erwähnt auf meiner persönlichen Erfahrung, die ich zwischen meinem neunzehnten und zwanzigsten Lebensjahr gemacht habe. Ich schlief übrigens keine weitere Nacht mehr in dieser Wohnung, auch nicht nach meiner Rückkehr aus der Türkei.

Meine eigene Internet-Recherche ergab, dass fast jeder Zehnte mindestens einmal im Leben etwas Außergewöhnliches erlebt, was sich im weitesten Sinne der Parapsychologie zuordnen lässt oder mysteriöse Dinge erlebt hat, die einfach nicht erklärbar sind. Dies können merkwürdige Erscheinungen sein, aber auch außerkörperliche Erfahrungen.

Kapitel 30

Von einem auf den anderen Tag war mein Leben ein anderes. Zwar litt ich aufgrund der Umstände und der vielen Tiefschläge der letzten Monate, aber ich sah ein, dass es einfach nichts brachte, den Kopf hängen zu lassen. Das Leben musste schließlich weitergehen. Eigentlich ist jede Sorge unbegründet, denn Schlimmeres gibt es sprichwörtlich immer. Wenn du an einer Weggabelung stehst und nicht weißt, ob du den rechten oder den linken Weg gehen sollst, dann nimm den, vor dem du am meisten Angst hast.

Das ist meist der richtige Weg, so hart das auch klingen mag.

Denn wenn du an eine Weggabelung kommst und weiter gehst, ohne dich entschieden zu haben, dann gehst du wohl rückwärts.

Nach gut sechs Monaten begleitete ich meine Mutter zum Physiotherapeuten. Man hatte ihr empfohlen, ihren Körper zu entlasten und regelmäßig Übungen zu machen, um die Schmerzen zu lindern, die sie seit ihrer Operation hatte. Durch die Bewegungen sollten die Gelenke mobilisiert, das Gewebe besser durchblutet, Sehnen gedehnt und die Muskelverhärtungen gelöst werden.

Während ihrer Behandlung wartete ich draußen vor der Tür und schnappte frische Luft. Nach einer Weile entdeckte ich in einiger Entfernung ein bekanntes Gesicht. Tatsächlich war es meine einstige „gute Freundin", die meine Richtung ansteuerte. Sie kam immer näher und ich wusste im ersten Moment gar nicht, wie ich reagieren sollte. Aber die Wunden der Trennung waren längst verheilt und das Thema gehörte der Vergangenheit an. Letztendlich war ich der geblieben, der ich immer war und begrüßte sie, als sie vor mir stand.

Sie strahlte über beide Wangen und begrüßte mich ebenfalls. Zwischen Tür und Angel redeten wir eine Weile miteinander, als ob nie etwas passiert wäre. Dann musste sie weiter und kurz darauf kam meine Mutter aus der Praxis und wir fuhren heim.

Kaum war ich wieder zu Hause, sah ich, dass mir die ehemals „beste Freundin" nach sieben langen Monaten zum ersten Mal wieder eine Nachricht via WhatsApp geschrieben hatte.

In den darauffolgenden Tagen schrieben und telefonierten wir immer häufiger. Bald gingen wir wie früher zum Sonnen auf eine große, öffentliche Wiese. Ihre Beziehung schien nach wie vor zu existieren, wie ich erfuhr. Trotzdem genoss ich ihre Gesellschaft und freute mich auf die anregenden Gespräche mit ihr. Bald darauf lud sie mich zu sich nach Hause ein und gestand, dass sie in ihrer Beziehung oft an mich denken musste, manchmal sogar nachts wach wurde und meinetwegen weinte, weil sie so schlagartig den Kontakt zu mir abgebrochen hatte.

„Das hast du nicht verdient", ließ sie mich wissen, „weil du immer gut zu mir warst."

Ich konnte kaum glauben, was sie mir da auftischte.

Der eigentliche Grund war allerdings, dass sie mit ihrem jetzigen Freund unglücklich war, wie ich später erfuhr, als ich wieder einmal in ihrer Wohnung weilte. Kurz darauf machte sie Schluss mit ihm. „Ich hoffe, das hast du jetzt aber nicht wegen mir gemacht", hörte ich mich sagen.

„Nein, das hat absolut nichts mit dir zu tun. Mein Entschluss stand schon länger fest und ich habe nur auf den richtigen Moment gewartet. In Wirklichkeit war ich gar nicht glücklich mit ihm", gestand sie mir. Nach einer Weile - der Ex-Freund hatte in der Zwischenzeit seine letzten Habseligkeiten aus ihrer Wohnung abgeholt - sagte sie plötzlich: „Ich möchte diesmal so richtig durchstarten mit dir. Mit allem, was dazu gehört!"

„Wäre es nicht sinnvoll, die Trennung erstmal zu verarbeiten?", fragte ich sie dann irgendwann.

„Glaub mir, ich habe ihn schon längst aus meinem Herzen gerissen", antwortete sie. „In Wahrheit hat er es nie geschafft, mein Herz zu erobern."

Frauen sind, wie dunkle und tiefe Gewässer und es ist schwer zu ergründen, was im Kopf einer Frau vorgeht.

Dennoch ließ ich mich drauf ein, so verrückt es klingen mag.

In den folgenden Nächten liebten wir uns so ungestüm wie nie zuvor. Durch meine Leidenschaft vergaß ich vorübergehend die Welt um mich herum und erst nach ein paar Stunden holte mich die Realität wieder ein.

Sie meldete sich jeden Tag bei mir und wir verbrachten viele, schöne Momente miteinander. Ich brachte sie oft zum Lachen und wir alberten nach Herzenslust. Sie vertraute mir ihre Probleme an und mein Vertrauen zu ihr wuchs wie eine zarte Pflanze. Wir hatten eine Menge Spaß und trafen uns oft nach der Arbeit.

Gelegentlich gingen wir eng umschlungen tanzen, obwohl sie das in Wirklichkeit nicht so gerne mochte. Immer mehr fühlte ich eine tiefe Verbundenheit zu ihr. Bei alledem bekam ich den Eindruck, dass sie es wirklich ernst mit mir meinte.

Die Zeit schien zu rasen.

Die Beziehung zu ihr dauerte knapp sechs Monate. Dann endete es beinahe so unverhofft, wie es wieder begonnen hatte. Mit der Begründung, mit zu vielen Problemen kämpfen zu müssen.

„Für einen Mann gibt es derzeit keinen Platz in meinem Leben. Ich habe dich wirklich sehr gerne, aber bitte akzeptiere meine Entscheidung". Eine Weile sollte ich sie in Ruhe lassen, hieß es ihrerseits. Die Möglichkeit, dass sich dieser Zustand wieder ändern könnte, ließ sie jedoch offen. Das war aber nun für mich keine Option mehr. Denn auf das ständige hin und her hatte ich keine Lust. Für solche Spielchen war mir meine Zeit zu schade. Zwar überraschte mich die Trennung - dennoch tat es nicht so weh wie beim ersten Mal.

Heute weiß ich, dass es sich bei unserer Beziehung nicht um Liebe handelte, sondern um den bloßen Zusammenschluss zweier, schwacher und verlorener Menschen. Wir hatten zueinander gefunden, ohne wirklich zueinander zu gehören. Am Ende sah ich ein, dass es an der Zeit war, bestimmte Menschen im Leben loszulassen. Manchmal malen wir uns die Dinge schön und sehen die Tatsachen durch eine rosarote Brille. Nur schadet es uns mehr, als dass es uns weiterbringt.

Trotz allem bin ich ihr bis heute dankbar, dass ich diesen besonderen Menschen kennenlernen durfte. Wer in sich ruht, zieht auch aus schwierigen Zeiten etwas Positives. Wer weiß das schon, ob unser Seelenverwandter nicht bereits hinter der nächsten Ecke auf uns wartet. *Aber gibt es die Glückseligkeit und die aufrichtige Liebe, nach der wir uns alle sehnen wirklich oder doch nur in Liebesromanen?*

Kapitel 31

Wenn mir etwas genommen wird, das mir etwas bedeutet, empfinde ich Schmerz. Das ist eine natürliche Reaktion. Mit der aktuellen Situation weiter zu leben, fiel mir im ersten Moment nicht leicht, aber da musste ich durch. Egal, ob nun wieder eine längere Krise bevorstand oder nur eine kurze folgte, die Uhr tickte und das Leben musste weitergehen. Trotz des ganzen Chaos versuchte ich den Überblick zu behalten. Zu der Zeit überschlugen sich meine Gedanken, obwohl ich mir einredete, dass jede Wunde mit der Zeit heilen würde.

Die Gespräche mit meinem verstorbenen Freund fehlten mir an diesen Tagen sehr. Ich hoffe aus ganzem Herzen, dass er seinen Frieden gefunden hat.

Spätestens jetzt war es an der Zeit, mich meinen eigenen Problemen zu stellen – nämlich für die anstehende MPU.

In erster Linie kostete mich das Nerven, vor allem aber viel Geld. Noch immer belastet mich die Ungewissheit sehr, wann und ob ich jemals wieder meinen Führerschein zurückbekommen werde. Ich muss alles dafür tun ihn wiederzuerlangen.

Erfunden wurde die MPU übrigens in den Fünfzigerjahren, ursprünglich für diejenigen, die mehrmals durch die Führerscheinprüfung gefallen waren. Im Volksmund wird sie daher „Idiotentest" genannt. Heute ist Alkohol der am weitest verbreitete Anlass für eine MPU. Sie kann auch bei Drogen oder wiederholt aggressivem Verhalten im Straßenverkehr angeordnet werden.

Nachdem ich meinen Führerschein schweren Herzens bei der Zulassungsstelle abgegeben hatte, erhielt ich den Ratschlag, mich durch einen Psychologen auf die Prüfung vorzubereiten. Da ich meinen Führerschein und meine Mobilität unbedingt wiederhaben möchte, muss ich mich dieser Prozedur unterziehen, ob ich will oder nicht.

Zuerst wollte ich mich seriös informieren, weshalb ich eine nahgelegene MPU-Stelle kontaktierte. Man lud mich zu einer kostenlosen Informationsstunde ein. Nachdem ich übrigens meine Prüfbescheinigung für das Mofa bestanden hatte, stieg ich vom Fahrrad auf Roller um. Mit dem neuen Roller, der immerhin 25 km/h schnell fährt, machte ich mich auf den Weg.

Neben mir befanden sich zwei weitere Teilnehmer in den Räumlichkeiten. Wir nahmen am Tisch Platz und stellten uns gegenseitig vor. Anschließend erklärte die Dame von der MPU-Stelle: „Die amtliche Überprüfung der Kraftfahreignung beinhaltet die medizinisch-psychologische Untersuchung. Auf diese Untersuchung sollte man sich ausreichend vorbereiten - am besten durch uns!" Eigentlich hielt ich nicht viel von dieser Beratung. *Ist doch alles nur Geldmacherei*, dachte ich. Jedenfalls war ich nach gut einer Stunde nicht viel schlauer als vorher.

„Möchten Sie mich denn nun als Psychologin in Anspruch nehmen, sodass ich sie auf die Prüfung vorbereiten kann? Wenn ja, dann können wir gleich einen Termin vereinbaren."

Die erst kürzlich neu eröffnete MPU-Vorbereitungsstelle war gerade mal zwölf Kilometer von meinem Wohnort entfernt. Alle anderen Stellen hingegen lagen weit über vierzig Kilometer entfernt.

Sollte ich mich für eine dieser Alternativen entscheiden, wäre ich auf öffentliche Verkehrsmittel angewiesen, was wiederum mit erhöhtem zeitlichem Aufwand sowie Kosten verbunden wäre.

Ich überlegte kurz, sagte anschließend zu und vereinbarte meine erste, offizielle Vorbereitungsstunde. Viele Fragen schwebten mir durch den Kopf und ich war durchaus verunsichert. Denn ich hatte keinen blassen Schimmer, was konkret in der MPU verlangt und von mir erwartet wurde. Tatsächlich zweifelte ich daran, dass eine angeblich professionelle Hilfe mir meine Ängste und meine Verunsicherung nehmen würde und mich zudem so weit vorbereitete, dass ich am Ende meiner Prüfung auf irgendwelche kuriosen Fragestellungen die richtigen Antworten geben könnte.

Dann kam meine erste, offizielle Vorbereitungsstunde. Zunächst zahlte ich stolze Einhundertzwanzig Euro für die folgenden fünfundvierzig Minuten.

Die Dame fing mit ernster Miene an zu sprechen: „Die MPU-Prüfung besteht aus drei Teilen: einem computerbasierten Reaktionstest, einer ärztlichen Untersuchung und einer psychologischen Begutachtung. Wir beide werden uns in nächster Zeit auf die dritte Prüfung konzentrieren."

Im Vorfeld hatte ich im Internet recherchiert und war auf zahlreiche Foren, Blogs und Seiten für Verkehrsrecht gestoßen. Durch den Wirrwarr an Informationen wurden meine Ängste noch größer. „Oft wird gesagt, dass man generell bei der ersten Prüfung durchfällt. Ist da was dran?", hörte ich mich fragen.

„Die Horrorgeschichten sind blanker Unsinn", antwortete sie in einem kühlen Tonfall. „Erst recht, was da alles im Internet kursiert. Lassen sie sich davon nicht entmutigen. Wir sehen uns als Dienstleiter, der Fahrern den Wiedereintritt in den Straßenverkehr ermöglicht. Deswegen werden wir alles versuchen, dass sie gleich beim ersten Mal ein positives Gutachten bekommen werden!"

So geriet ich zwangsläufig in eine Maschinerie, die mich monatelang in Atem hielt. In meiner zweiten Vorbereitungsstunde erfuhr ich gleich zu Beginn, dass es wohl ausreichen würde, wenn ich an acht bis zehn Sitzungen teilnehmen würde, sodass ich anschließend bestens vorbereitet wäre für die Prüfung. Nach dieser Information wurde ich aufgefordert, quasi meinen gesamten Lebenslauf herunterzubeten. Familiäre Themen wurden ebenfalls besprochen und sie wollte wissen, ob ich Geschwister habe.

„Was hat das bitte mit meiner Vorbereitung zu tun?", fragte ich etwas verlegen.

„Damit ich sie besser kennenlerne und richtig einschätzen kann", entgegnete sie. Als ich bei der Anmeldung mein Geburtsdatum angab, verriet sie mir, dass sie ebenfalls im Sternzeichen ein Widder sei. Damit trafen zwei äußerst impulsive Typen aufeinander und es ging für einen Moment heiß her. Die Dame brachte mit ihrem Temperament richtig Schwung in den Laden, erhob sich und fragte mich lautstark, ob ich sie nun weiter als Psychologin in Anspruch nehmen wolle oder nicht.

„Ja Madame, ich will", erwiderte ich kurz und knapp.

Somit beruhigte sich die Situation wieder.

Mit solchen, belanglosen Diskussionen kann man die Zeit auch totschlagen, dachte ich mir im Stillen und zack - war die Zeit schon wieder um.

In den folgenden Sitzungen wurde es kniffliger und ich sah mich mit Fragen konfrontiert, auf die ich nicht gleich die passenden Antworten fand. Die MPU folgt keinem fest definierten Fragekatalog, auf den man sich gezielt vorbereiten kann, wie beispielsweise bei der theoretischen Führerscheinprüfung. Wie vielen, anderen Teilnehmern auch, graute mir vor solchen oder ähnlichen

Fragen: „Aus welchem Grund haben Sie ein solches Fehlverhalten im Verkehr an den Tag gelegt?" - „Warum und wie werden Sie sich in Zukunft anders verhalten?" - „Welche konkreten Pläne haben Sie, um einen Rückfall in alte Verhaltensmuster ausschließen zu können?" Fragen über Fragen - „Wieso, weshalb, warum?"

Anfangs kam ich mir oft hilflos vor, weil ich Schwierigkeiten hatte, mich zu öffnen. Unter anderem fühlte ich mich bereits nach kurzer Zeit überfordert. Teilweise bekam ich Kopfschmerzen und manchmal sogar Schweißausbrüche, obwohl ich mich noch nicht einmal in der echten Prüfungssituation befand. Ab der vierten Stunde etwa machte ich mir während des Gesprächs immer wieder Notizen, weil ich erkannte, dass so manches, was die Dame von sich gab, von unschätzbarem Wert war. Für mich ein Grund, Hausaufgaben zu machen und mich einmal mehr eingehend mit dem Thema zu beschäftigen. Denn wer die Fragen souverän beantworten will, sollte sich im Vorfeld einige Gedanken machen, um seine persönlich perfekten Antworten zu entwickeln. Des Weiteren ließ sie mich wissen, dass eine gute MPU-Vorbereitung auch darauf abziele, nicht nur die richtigen Antworten für das MPU-Gespräch einzuüben, sondern tatsächlich die Einstellung und damit auch das Handeln langfristig und nachhaltig zu verändern.

Schon bald musste ich meinen Willen und Selbstbeherrschung durch einen Abstinenznachweis belegen, welcher selbstverständlich mit weiteren Kosten verbunden war. Falls ich mich für eine Urinkontrolle entscheiden würde, müsste ich mehrmals zu einer spontanen Kontrolle. Dabei ist der abgegebene Urin eher ein Indikator für in letzter Zeit konsumierte Substanzen. Daher entschied ich mich gezielt für eine Haarprobe, denn Haare speichern die gesuchten Stoffe länger. Hierfür sind allerdings nur unbehandelte und ausreichend lange Haare geeignet. Gefärbtes oder gebleichtes Haupthaar disqualifiziert den Betroffenen für eine Haaranalyse ebenso wie zu kurze Haare. Nachdem ich lange Zeit meine Haare hatte wachsen lassen, obwohl ich in Wirklichkeit längere Haare gar nicht so mag, machte ich mir bei der Medizinischen Hochschule in Hannover einen Termin.

Im Vorfeld hatte ich mich diesbezüglich schlau gemacht, dass dort Laboruntersuchungen zur Vorbereitung auf eine MPU durchgeführt wurden. Mit dem Zug und anschließend mit der Straßenbahn erreichte ich die Klinik, in der meine Haare untersucht werden sollten. Nachdem ich eine Weile im Warteraum verbracht hatte, wurde ich aufgerufen. Zunächst wurden einzelne Haare am Hinterkopf penibel vermessen und anschließend zwei Haarbüschel, etwa in der Stärke eines Bleistifts, unmittelbar über der Kopfhaut abgeschnitten.

„In circa sechs Wochen bekommen Sie die Auswertungen per Post zugeschickt", ließ man mich abschließend wissen. Der ganze Spaß kostete mich weitere zweihundertdreißig Euro.

In den darauffolgenden Vorbereitungsstunden wurde auf mein Vergehen immer intensiver eingegangen. „Ich schaff das schon und das liegt nur in deiner Hand", versuchte ich mich immer wieder zu motivieren. Schließlich gibt es im Leben immer wieder Prüfungen, denen wir uns stellen müssen. Aber ich muss ehrlich zugeben, je näher die Prüfung kam, desto nervöser wurde ich.

Den Dämpfer mit dem Führerscheinentzug habe ich vermutlich gebraucht. Jetzt erst weiß ich, wie wertvoll dieses Ding ist. Ohne ist man nur ein halber Mensch. Also Leute, wenn ihr am Wochenende rausgeht zum Feiern: „Don't drink & drive!" Nehmt euch ein Taxi oder bildet eine Fahrgemeinschaft, aber um Himmels Willen macht nicht den gleichen Fehler wie ich. Aus einem positiven Aspekt gesehen, gibt es natürlich ebenso Vorteile, wenn man kein Auto fährt oder zumindest für eine Zeit lang nicht - Man spart nicht nur Steuern, Versicherung und Sprit, sondern sieht mehr von dem, was einen umgibt. Menschen, die kein Auto fahren, schonen gleichzeitig die Umwelt, lernen vielleicht neue Menschen kennen und leben gesünder. Weil sie keinen Parkplatz suchen müssen, so gut wie nie eine Panne haben, nur selten im Stau stehen und oft pünktlicher sind. Zudem dürfen sie ohne Freisprechanlage telefonieren, haben mehr Zeit für gute Bücher oder können sich in Bussen und Bahnen auf Termine vorbereiten.

Später komme ich erneut auf das Thema zurück und werde berichten, wie meine MPU-Prüfung verlaufen ist.

Kapitel 32

Mein Buch verkauft sich nach wie vor gut. Mittlerweile ist sogar die Zweitauflage auf dem Markt. Weiterhin bekomme ich viel Lob mit überwiegend positiven Rezensionen von meinen Lesern, sowohl im Internet als auch persönlich. Es hat den Anschein, dass ich von allen Seiten gelobt und gefeiert werde, obwohl ich in letzter Zeit oft über Glasscherben gehen musste. Manchmal mit Schmerzen, die ich sogar in meinen Träumen empfand. Viele meiner Leser ließen mir via Facebook nette Worte zukommen. Darunter fand sich auch immer wieder eine Nachricht von einem Asiaten namens „Bo". „I like you", schrieb er mir öfter. Ich bedankte mich und glaubte gleichzeitig, dass er ebenfalls mein Buch gelesen, bzw. davon gehört hatte und mir einfach nur ein Lob aussprechen wollte. Irgendwann nachts, als ich gerade durch Facebook stöberte, sah ich, dass er mich erneut mit denselben Worten angeschrieben hatte.

„Why do you like me?", fragte ich diesmal.

„Du kommst sehr nett und sympathisch rüber", wurde in englischer Sprache geantwortet. Ich bedankte mich erneut und wollte wissen, ob er Chinese sei, weil er die typisch- asiatischen Gesichtszüge hatte. Aus Vietnam komme er, erfuhr ich im Anschluss. Er lebe und arbeite jedoch seit über fünf Jahren in Amerika. Im Laufe des Gesprächs wurde ich neugierig und schaute mir sein Profil auf Facebook näher an. Ich hatte schon eine Vorahnung und mein Gefühl täuschte mich nicht. Nachdem ich mir die vielen, persönlichen Bilder von ihm angeschaut hatte, war es offensichtlich – Er war homosexuell und stand auf Männer. Ich habe nichts gegen Schwule, alles gut. Schließlich muss das jeder für sich selbst wissen. Immerhin hatte er bis jetzt keine Andeutungen gemacht und ich wollte es auch nicht so weit kommen lassen. Nur allein aus diesem Grund gestand ich dem fremden Asiaten spontan, dass ich nichts dagegen hätte, eine Frau kennenzulernen.

„Meinst du das wirklich ernst?", hakte er nach. „Ja, schon", bestätigte ich spontan.

„Ich habe da eine Nichte, die allein mit ihrer Mutter lebt. Ihr Vater ist vor einiger Zeit verstorben und weitere Geschwister hat sie nicht. Wenn du das wirklich willst, könnte ich euch beide in Kontakt bringen. Meine Schwester lebt ebenfalls in Vietnam. Ehe sich meine Nichte bei dir meldet, würde dich vermutlich zuerst meine Schwester kontaktieren, weil sie zeitlich ungebundener ist, da sie von zu Hause arbeitet."

„In Ordnung", stimmte ich spontan zu, bevor wir die schriftliche Unterhaltung vorerst wieder beendeten.

Kapitel 33

Gleich am Folgetag bekam ich eine Nachricht von Bo's Schwester. Nachdem sie sich kurz vorgestellt hatte, ließ sie mich wissen, dass ihre Nichte derzeit in der Schule war, sich aber später ebenfalls bei mir über Facebook melden würde.

Erneut bedankte ich mich und konnte nicht wirklich glauben, welche Folgen eine banale Frage wie: „Why do you like me?" nach sich ziehen konnte. Es fühlte sich merkwürdig an. Gerade so, als würden wir von einer höheren Macht gelenkt, die darüber bestimmte, dass wir uns auf diese kuriose Art kennenlernen sollten. Schon wenige Stunden später meldete sie sich tatsächlich.

Ziemlich aufgeregt und neugierig begannen wir unsere Konversation und tauschten uns aus. Sie entschuldigte sich gleich zu Beginn unserer Unterhaltung dafür, dass sie nur ihre Muttersprache spreche. Zum Glück übersetzte der kostenlose Service von Google in Sekundenschnelle Wörter und Sätze, worauf ich zugreifen konnte. Ohne dieses Tool wäre eine Unterhaltung unmöglich gewesen. Trotzdem war die Art, sich so zu unterhalten, ungewohnt und umständlich, da nicht immer alles verständlich und korrekt übersetzt wurde. Dennoch klappte es im Großen und Ganzen „Ich heiße Ha und bin fünfundzwanzig Jahre alt", schrieb sie als erstes. „Derzeit befinde ich mich in meiner zweiten Ausbildung als Köchin, welche ich in achtzehn Monaten beenden werde. Mein Name bedeutet übrigens Sonnenschein und Wärme."

Nun war ich an der Reihe und stellte mich vor.

Während der Mitteleuropäischen Sommerzeit zwischen April und September betrug die Zeitverschiebung nach Vietnam plus fünf und während der Winterzeit sogar plus sechs Stunden. Nach etwa einer Stunde beendeten wir unsere erste Unterhaltung, denn sie musste sich bereits bettfertig machen. In Deutschland war es gerade einmal achtzehn Uhr.

Am folgenden Tag unterhielten wir uns nur noch per Videounterhaltung, so dass wir uns zum erstmal sehen konnten. Ihr Schneewittchen-Look faszinierte mich. Sie hatte helle Haut und dunkles, glänzendes Haar. Sie sah sehr attraktiv, feminin und elegant aus. Ihre Persönlichkeit wirkte weiblich und vor allem natürlich.

Auf Anhieb fand ich sie sympathisch.

Asiatischen Menschen sagt man im Allgemeinen ihre tüchtige Art nach. Dies erklärt, warum insbesondere Vietnamesinnen als äußerst fleißige Frauen gelten. Ha ging unter der Woche ihrer Ausbildung nach und besuchte an

manchen Tagen die Berufsschule. Neben der Arbeit kümmerte sie sich noch oft um den Haushalt und brachte so Job und Familie in Einklang, wobei Familie an erster Stelle stand. Ich fand es außerordentlich schön und passend, dass sie eine Ausbildung zur Köchin absolvierte, da mich ohnehin von jeher die asiatische Küche begeisterte. Sie liebte es zu kochen und ich konnte es gar nicht oft genug hören.

In unseren mittlerweile täglichen Gesprächen erfuhr ich, dass die meisten Frauen aus diesem Land sehr gut kochen können, selbst die kompliziertesten Gerichte. Immer wenn ich sie zum Lachen brachte, spürte ich die Wahrheit und Echtheit, welche dahintersteckte. Darüber hinaus war sie alles andere als langweilig.

Unterdessen erfuhr sie von der Existenz meines Kindes. Vor allem informierte ich sie über mein Alter, was sie jedoch zu meiner Überraschung nicht zu stören schien.

„Die Männer in meinem Alter sind oft noch kindisch und unreif, daher habe ich mir schon immer einen Mann mittleren Alters gewünscht", erklärte sie.

Wir lernten uns jeden Tag ein wenig besser kennen, tauschten Informationen aus und erfuhren immer mehr Details voneinander. Angefangen von Sport- und Freizeitaktivitäten - bis hin zu unseren Visionen und Zukunftsvorstellungen.

Ich erfuhr außerdem, dass sie noch in diesem Jahr - Anfang Dezember, Geburtstag hat.

Wir entdeckten erstaunlich viele Gemeinsamkeiten trotz der kulturellen Unterschiede. Wie bei den Türken wurde dem familiären Umfeld in ihren Kreisen ebenso große Bedeutung beigemessen und stand an erster Stelle.

Wenn ein Mann eine vietnamesische Frau kennenlernen möchte, sollte er geduldig vorgehen und ihr Zeit lassen, Vertrauen aufzubauen. Unterdessen wollte der Onkel immer öfter wissen, ob denn alles okay sei.

„Ja, es ist soweit alles in Ordnung. Danke, dass du sie mir vorgestellt hast", antwortete ich erfreut. Ehe sie sich allerdings auf etwas Ernstes einlassen würde, wollte sie zunächst in den kommenden achtzehn Monaten ihre Ausbildung erfolgreich beenden. Das war eine angemessene Zeit zum Kennenlernen, fand ich.

Nach nur wenigen Wochen erfüllte mich eine nie zuvor empfundene Glückseligkeit. Ich merkte, dass ich immer neugieriger auf sie wurde. Ihre Lebenskraft faszinierte mich. Sie war fleißig, zielstrebig und verlor dabei nie ihr Lächeln. Dabei hatte sie noch nicht einmal eine Privatsphäre.

Als wir uns einmal per Videounterhaltung unterhielten, fragte ich nach ihrer Mutter, wo sie denn gerade sei und was sie machen würde. Da drehte sie spontan ihr Handy und mit Erstaunen stellte ich fest, dass die Mutter leise und still neben ihr im Bett lag und vor sich hindöste.

„Hier ist es völlig normal, dass die Wohnungen nur aus einem Zimmer bestehen", ließ sie mich wissen. Ihre

Mutter war übrigens Muslimin und einmal begrüßten wir uns auf muslimische Art: „Selamünaleyküm", sagte sie. „Aleykümselam", antwortete ich. (Der Friede sei mit dir).

Nach etwa zwei Monaten fing sie an den Wochenenden mit einem zusätzlichen Nebenjob an, um finanziell unabhängiger zu sein. Obwohl sie zeitlich stark eingebunden war, nahm sie sich dennoch nach Feierabend Zeit für mich, so dass wir uns weiterhin sehen und austauschen konnten.

Obwohl uns Welten trennten, fühlten wir uns auf eine besondere Art angezogen, trotz der Sprachbarriere. Unsere Sympathie wuchs. Immer öfter sagte sie, sie wolle eines Tages die deutsche Sprache lernen, um ganz normal mit mir reden zu können. Nie gab sie mir das Gefühl, ein falsches, hässliches Spiel zu spielen und nicht ein einziges Mal erwähnte sie finanzielle Dinge. Einige wenige Freunde und Bekannte, denen ich von ihr erzählte, rieten mir dennoch von ihr ab:

„Sie sieht dich nur als Versorger und Ernährer, nichts weiter. Mehr als eine Eintrittskarte auf ein besseres Leben bist du für sie nicht!" Trotzdem ließ ich mich nicht entmutigen.

Trotz alledem ließ ich schon bald die Katze aus dem Sack. Es gab keine wirkliche Erklärung dafür, aber mich trieb es entgegen aller Vorurteile – oder vielleicht gerade deswegen- dazu, nach gut zehn Wochen einen spontanen Flug nach Vietnam zu buchen. Wahrscheinlich war es ihre natürliche und ehrliche Art, die mich mittlerweile magisch anzog. Unter anderem wollte ich gern an ihrem Geburtstag bei ihr sein. Das Ticket vorzeitig zu buchen, war darüber hinaus kostengünstiger.

Aber selbstverständlich war ich auch auf das Land neugierig, darum fackelte ich auch nicht lange und buchte das Ticket online.

Als der Onkel von der gebuchten Reise nach Vietnam erfuhr, schrieb er: „Nachdem ich erfahren habe, dass du tatsächlich noch dieses Jahr nach Vietnam kommen wirst, fühle ich mich beinahe gezwungen, ebenfalls Vietnam zu bereisen. Schließlich möchte ich dich auch näher kennenlernen." Weiter hieß es: „Falls ihr euch weiterhin gut verstehen werdet und tatsächlich eines Tages heiraten solltet, werde ich nach vietnamesischer Tradition verpflichtet sein, eure Hochzeitskosten allein zu tragen." Aufgebracht und ohne groß zu überlegen antwortete ich spontan: „Das ist echt lieb von dir, aber ich würde dein Geld nicht haben wollen. Mit allen Mitteln würde ich die ganzen Kosten selbst tragen."

Die schriftliche Konversation pausierte eine Weile. Es war offensichtlich, dass er beleidigt war.

Nach einigen Minuten schrieb er mir eine weitere Nachricht und ließ durchsickern, dass ich eventuell doch nicht der Richtige sei, da ich mich mit dieser Einstellung

als schwierig erweise und somit gegen die Tradition verstoßen würde.

Warum musste ich auch immer meine Hörner durchsetzen?

Etwas verwirrt schlief ich eine Nacht darüber und entschuldigte mich am Folgetag. „Im Zweifelsfall würde es eben zwei Hochzeitsfeiern geben. Einmal in Vietnam und einmal entweder in Deutschland oder in der Türkei", lautete meine Nachricht am nächsten Tag.

„In Ordnung, einverstanden", antwortete der Kontakthersteller aus Amerika und es schien, dass meine Entschuldigung angenommen wurde.

Natürlich hatte ihre Tante genauso von meiner Buchung erfahren und informierte mich darüber, dass sie eine ausgezeichnete Köchin sei und mich mit der vietnamesischen Küche ordentlich verwöhnen würde. Sie schickte mir immer wieder verschiedene Bilder ihrer Gerichte, damit ich einen Vorgeschmack davon bekäme, was mich erwarten würde. „Ihr werdet bei deiner Ankunft in Vietnam genug Gelegenheit haben, euch auszutauschen und kennenzulernen. Jedenfalls wäre es eine unglaublich verrückte Liebesgeschichte, falls es wirklich etwas Ernstes zwischen euch werden sollte."

Von Ha erfuhr ich, dass sie ihren Nebenjob spätestens bei meiner Ankunft wieder beenden würde. Denn bis dahin hätte sie genug angespart, um all die Dinge zu kaufen, die ihr derzeit fehlten. Was ihre Ausbildungsstelle anging, würde sie extra zu der Zeit Urlaub nehmen, um mich jeden Tag sehen zu können, damit wir viel Zeit miteinander verbringen könnten.

Das waren sehr positive Nachrichten.

Selbstverständlich war ich mir im Klaren, dass ich fortan noch mehr Geld brauchen würde. Nicht nur für die anstehende „Baustelle MPU", sondern nun auch für den kommenden Asia- Trip, der immerhin zwei Wochen dauern sollte. Ich überlegte, wie ich schnell an Geld kommen könnte. Passenderweise wurde vor Ort ein griechischer Imbiss eröffnet und nebenbei erfuhr ich, dass ein Fahrer gesucht wurde.

Nie hätte ich es für möglich gehalten, dass ich die Stelle bekommen würde, als ich nur zwei Tage vor der Eröffnung spontan dort anfragte. Eigentlich konnte ich es mir selbst nicht wirklich vorstellen, warmes Essen auf zwei Rädern auszuliefern. Aber mit etwas Geschick funktionierte das dann doch. Manchmal war ich sogar viel schneller als mit einem Auto unterwegs, weil ich so manchen Schleichweg nehmen konnte, wo sonst mit einem Pkw kein Durchkommen möglich war. Es kam also wieder richtig Schwung in mein Leben und jeder Groschen wurde für die anstehende Reise zusammengespart. Trinkgelder füllten ebenso den Geldbeutel. Zu meiner großen Freude durfte ich sogar gratis essen. Wenn sich eine Tür schließt, öffnet sich eine andere. „Herr, ich danke dir!"

Die Wochen und Monate vergingen plötzlich rasend schnell und es blieben nur noch wenige Tage bis zu meiner Abreise.

Zwei Monate vor Abflug überprüfte ich vorsichtshalber meinen Reisepass, denn um damit ins Ausland reisen zu können, muss der Pass zum Zeitpunkt der geplanten Ausreise noch mindestens sechs Monate gültig sein. Jedenfalls war bei der Überprüfung alles im grünen Bereich. Übrigens konnte ich ohne Visum einreisen, da ich nicht länger als fünfzehn Tage im Land bleiben würde. Diese Regelung galt allerdings für die einmalige Einreise.

Zwei Tage vor Abflug packte ich meinen Koffer, indem ich gerade das Allernötigste hineinstopfte. So nach dem Motto:

„Weniger ist manchmal mehr".

Denn Koffer haben bekanntlich die Angewohnheit, im Urlaub nicht unbedingt leichter zu werden. In der Regel kaufe ich meine Kleidung in den Ländern, die ich gerade bereise. Dort ist sie erstens sehr günstig und zudem dem Klima angepasst. Immerhin stand mir eine Freigepäckgrenze von dreißig Kilo zur Verfügung. Die letzten Besorgungen wurden noch gemacht, bevor ich dann endlich aufbrechen konnte.

„Ich möchte dir zum Geburtstag gern etwas aus Deutschland mitbringen", schrieb ich ihr noch und fragte, ob sie einen besonderen Wunsch hätte.

„Du brauchst mir gar nichts mitbringen, denn du allein wirst das beste Geschenk für mich sein."

Meine Eltern hatten übrigens nichts dagegen, dass ich nach Vietnam reisen würde.

„Wenn du Grund zur Freude und noch dazu ein positives Gefühl hast, eventuell die Richtige für dich kennenzulernen, warum auch nicht?", gaben beide von sich.

Egal ob ich durch persönliche Probleme runtergezogen worden bin oder durch Erfolge hochgejubelt wurde, steht eines jedenfalls fest: Ich werde immer bodenständig bleiben und nicht abheben. Spätestens bei meiner Ankunft in Vietnam werde ich niemals so tun, als wäre ich reich oder dergleichen.

Für viele Menschen scheint Europa trotzdem das Schlaraffenland, in dem man ganz einfach viel Geld verdienen kann. Um es mal ohne Umschweife auf den Punkt zu bringen – würde sich dieses vietnamesische Mädchen vom Land vermutlich wie eine Königin fühlen, wenn ich sie tatsächlich eines Tages aus ihrer ärmlichen Umgebung in eine schöne Dreizimmerwohnung entführen würde. Aber all das war mir nicht wichtig. Denn im Sinne eines wahren Romantikers sind andere Dinge viel wichtiger. Nur reich ist das Herz, das für andere glüht, das Auge, das auch für andere sieht, die Hand, die freudig für die andere schafft und dem Schwächeren gibt von der eigenen Kraft. Alles, was ich wollte, war ein ruhiges und normales Leben, geprägt von gegenseitigem Respekt, tiefer Verbundenheit und echter Liebe dahinter. Doch das war Zukunftsmusik und soweit musste es ja erst einmal kommen.

Die Zeit würde dann schon zeigen, ob man nach einer gewissen Kennenlernphase harmonieren und sich verstehen würde oder eben nicht.

Zwar ist das Alleinsein für das persönliche Wohlbefinden genauso wichtig, wenn man nämlich behaupten kann, etwas allein geschafft und Ängste hinter sich gelassen zu haben. Aber in Wirklichkeit ist die Zeit zu zweit am schönsten.

Kostbare Zeit zu zweit, in der man gemeinsame Erinnerungen schafft.

Mir war bewusst, dass oft gesagt wurde, man sollte nach der Ehe mit einer Vietnamesin ebenso die Familie mitversorgen. Notfalls würden mich die wenigen Euros alle paar Monate, die ich dann ihrer Mutter überweisen würde, auch nicht ärmer machen. Alternativ könnte sie nach ein paar Jahren selbst arbeiten und Geld verdienen, welches sie dann nach Hause schicken könnte, um ihren moralischen Verpflichtungen nachzukommen. Nur mal so am Rande erwähnt: Wenn wir in Deutschland alt werden, bekommen wir eine Rente. Selbst wenn jemand gar nichts hat, hilft ihm der Staat.

Vietnamesen hingegen kennen keine staatliche Altersversorgung, der Nachwuchs muss die Rente für die Alten aufbringen. Trotzdem wäre sowas für mich kein Hindernis oder gar eine Blockade, sie nicht zu meiner Partnerin zu machen, zumal ich diese Vorgehensweise schon aus meinem Elternhaus kenne. Denn mein mittlerweile verstorbener Großvater aus der Türkei, der keine Rente bezog, wurde ebenfalls jahrzehntelang von meinem Vater durch kleinere Geldbeträge unterstützt.

Aber wie gesagt, das war alles weit im Voraus gedacht und ich wollte auf diesen Gedankenzug nicht aufsteigen, sondern sie vorerst nur treffen und Zeit mit ihr verbringen, um sie besser kennenzulernen. Denn nichts muss - alles kann.

Realistisch gesehen steckt nämlich eine gewisse Wahrheit dahinter, dass Beziehungen eine andere Qualität annehmen, wenn man sich dann „von Angesicht zu Angesicht" kennenlernt.

Trotzdem kann es sehr spannend sein, sich virtuell über Gestik, Mimik und einen Blick in die Augen zu verständigen, nämlich dann - wenn wie in unserem Fall - eine Sprachbarriere besteht. Andernfalls kann manche Beziehung durch den Live-Kontakt an Qualität verlieren, weil es unter anderem himmelweite Unterschiede zwischen der virtuellen und der realen Kommunikation gibt. Aber soweit wollte ich ebenfalls nicht denken. Wie gesagt, ich ließ alles auf mich zukommen.

Ha machte sich natürlich genauso Gedanken und schrieb, falls ich nach unserem ersten Treffen doch nicht so begeistert von ihr sein sollte, würde sie mich dennoch gern begleiten, um mir wenigstens einen schönen Urlaub zu bieten, in dem sie mir die besten Plätze und Orte ihrer Heimat zeigen würde.

Kapitel 34

Bevor Ha in mein Leben trat, war ich seelisch auf dem Nullpunkt. Aber so verrückt das auch klingen mag: Sie hat es geschafft, mich zu verstehen, obwohl wir noch nicht einmal dieselbe Sprache sprechen und sie am anderen Ende der Welt wohnt. Sie hat es gemeistert, mich aufzubauen und in ihren Bann zu ziehen. In Wirklichkeit verstand ich selbst nicht so ganz, was da gerade passierte und konnte es auch am Tag der Abreise noch nicht wirklich glauben. Bis es auf einmal soweit war: Ich war startklar mit meinem Koffer, den Reisedokumenten, aufgefrischten Standardimpfungen und der sonstigen, notwendigen Ausrüstung. Nachdem ich mich von meiner Familie verabschiedet hatte, steuerte ich das Flughafengebäude an.

Da ich schon online eingecheckt hatte, musste ich nur noch mein Gepäck aufgeben.

Die Schlange, in die ich mich einreihte, war ziemlich lang und unter den Wartenden befanden sich jede Menge Asiaten. Passagiere schoben schwer beladene Kofferwagen vor sich her. Schnell wurde hie und da kurz vor der Gepäckaufgabe noch einmal umgepackt. Endlich war ich an der Reihe. Der Koffer wurde auf das Gepäckband gewuchtet, bekam ein Etikett mit den wichtigsten Daten und schon setzte sich das Band mitsamt meinen Habseligkeiten in Bewegung. Ruckelnd verschwand der Koffer hinter einem Vorhang. Kurz darauf überkam mich ein großes Glücksgefühl, nach über zwei Jahren wieder ein Flugzeug zu besteigen, wobei ich das Fliegen eigentlich gar nicht so mochte. Aber ich freute mich darauf, ein neues Land kennenzulernen. Nachdem ich meinen Sitzplatz gefunden hatte, schrieb ich noch schnell an Ha, dass es nun nicht einmal mehr vierundzwanzig Stunden dauern würde, bis wir uns endlich leibhaftig gegenüberstehen würden.

Ein knapp sechzehn stündiger Flug mit Zwischenlandung in Istanbul stand mir bevor. Der Flieger hob ab und mit mehr als zehntausend Metern über dem Boden steuerten wir zunächst Anatolien an.

Nach gut zwei Jahren betrat ich wieder türkischen Boden und gleichzeitig befand ich mich am größten Flughafen der Welt. Im Oktober 2018 wurde der Megaflughafen eröffnet und soll die Türkei zu einem der wichtigsten Drehkreuze der Luftfahrt machen. Wenn es auf der Welt nur ein Land geben würde, dann wäre Istanbul wohl die Hauptstadt. Kaum im türkischen Territorium angekommen, war die Koexistenz von Hektik und Gelassenheit spürbar. Dazu dieser gigantische Flughafen, der eher an eine Shopping-Mall erinnert. Überall hochmoderne und stylische Geschäfte.

Die Wege, die man an diesem Flughafen gehen musste, waren extrem lang, aber da ich ohnehin vier Stunden Zeit hatte, störte mich das nicht wirklich.

Außerdem hatte ich in den letzten drei Stunden lange genug gesessen und begrüßte daher die Möglichkeit, mich zu bewegen. Ich ging von einem Shop zum nächsten und begutachtete die Unmengen an Waren, die hier und da angeboten wurden.

Später schaute ich mir zwischen Çay (türkischer Tee) und türkischer Musik Menschen aus aller Welt an. Das rege Treiben auf dem Airport war ein spannendes Erlebnis. Vor meinem Weiterflug besorgte ich mir noch ein paar türkische Leckereien wie Lokum (als türkischer Honig bekannt) und einige Zeitungen für meinen bevorstehenden, zwölfstundigen Flug nach Asien.

Die Zeit auf dem Airport verging wie im Flug und schon bald sollte mich der Anschlussflug ans Ziel meiner Reise bringen. Das Boarding verlief ohne besondere Zwischenfälle, so dass der Flieger pünktlich abheben konnte. In der Maschine befanden sich überwiegend Asiaten. Mit einem Vietnamesen teilte ich mir eine Dreierreihe und jeder von uns hatte viel Platz. An jedem Sitzplatz gab es einen Bildschirm, sogar mit USB-Anschluss. Das Flugzeug der „Turkish Airline" war außerordentlich bequem und der Service super. Vorweg bekam jeder Fluggast kostenfreie Getränke. Ich zappte zwischenzeitlich durchs TV-Programm, um mir die nachfolgende Zeit mit einem guten Film zu vertreiben.

Bei dem Film „Ziemlich beste Freunde" blieb ich hängen. Dieser Film beruht auf einer wahren Begebenheit: Ein Mann aus dem Senegal wird aus dem Gefängnis entlassen und muss nun dem Arbeitsamt beweisen, dass er auf Jobsuche ist. Nur halbherzig geht er zu einem Vorstellungsgespräch als Pflegekraft für einen gelähmten Multimillionär. Dieser ist jedoch von seinem Bewerber trotz der gleichgültigen Einstellung angetan und gibt ihm den Job. Somit entwickeln die ungleichen Männer eine einzigartige „Bromance", die ihr Leben für immer verändern soll. Ein rührender Film, der mich sehr inspirierte. Ich gebe offen und ehrlich zu, dass ich zu einem echten Sensations-Junkie werde, wenn ich mir reale Ereignisse im Gewand eines Spielfilms ansehe.

Wenig später war Essenszeit und jedem Passagier wurde ein Abendessen serviert. Es schmeckte und immerhin fühlte ich hinterher ein Sättigungsgefühl. Anschließend wurde alles weggeräumt, um Platz für den Duty Free-Verkauf zu machen.

Ich blätterte eine Weile durch die türkischen Zeitungen und las einige, interessante Artikel, bevor kurz vor Mitternacht die Kabine verdunkelt wurde. Der Flug zog sich. Wie vor ein paar Jahren im Flieger nach China, versuchte ich einzuschlafen, was mir aber nicht gelingen wollte. Also blieb ich vorerst wach.

Dann probierte ich es mit einem Trick, indem ich versuchte, mich von der Anspannung und dem dringenden Wunsch nach Erholung zu lösen und mich stattdessen mit dem Gedanken an guten Schlaf anzufreunden. Überraschenderweise spürte ich nach nur kurzer Zeit, dass die Anspannungen nachließen. Der Stress fiel von mir ab und das wiederum brachte mich dazu, endlich einzuschlafen.

Nach etwa sieben Stunden Schlafenszeit weckte mich die zweite Bordmahlzeit. Die Stärkung tat richtig gut, vor allem der Kaffee. Als ich aus dem Fenster schaute, stellte ich fest, dass es draußen hell war. Beim Landeanflug sah ich unter mir Äcker, Reisfelder und behelfsmäßige Schuppen - unter Palmen versteckt. Es war Dezember, die heiße Jahreszeit.

Sobald das Flugzeug an Höhe verlor, glaubte ich zu ersticken. Aus einem zwingenden Bedürfnis heraus, gut zu riechen, bespritzte ich mich mit etwas Kolonya, (ein türkisches Eau de Cologne) welches in der Regel in die Hand geschüttet, kurz verrieben und anschließend im Halsbereich und in den unteren Gesichtspartien verteilt wird. Der Duft aus der Türkei, den ich mir in Istanbul auf dem Flughafen gekauft hatte.

Nach einer gefühlten Ewigkeit kamen wir endlich heil und sicher am Ziel an. Wir befanden uns allerdings in einer anderen Zeitzone. Die Uhr zeigte aktuell 17.30 Uhr. Ein letztes Mal warf ich einen Blick durch das Fenster, bevor der Flieger endgültig stehen blieb. Sobald ich das Flugzeug verlassen hatte, umhüllte mich die Hitze bis zu den Fußspitzen.

Kapitel 35

Als wir dann endlich das Flughafengebäude erreichten, stellte ich fest, dass es hier nicht nur hektischer zuging als auf dem Istanbuler Flughafen, auch die permanente Schwüle machte mir zu schaffen. Dennoch würde ich mich mit diesen klimatischen Bedingungen anfreunden müssen.

Nach der Pass- und Ticketkontrolle, die zum Glück reibungslos verlief, betrat ich die große Halle. Die hektischen Menschenmassen um mich herum und der Gestank von Körperausdünstungen waren kaum auszuhalten. Viele Menschen mit Mundschutz hetzten und drängelten sich ungeduldig durch die träge Masse.

An dieser Stelle hielt ich für einen Augenblick inne und stand regungslos da. Mal wieder läuteten meine Alarmglocken.

Tat ich das Richtige? Für einen Moment fühlte es sich irgendwie an wie ein Déjà-vu. Ich schüttelte den Kopf, um böse Erinnerungen zu vertreiben, atmete tief durch und versuchte, mich nicht länger von diesem negativen Gedanken lähmen zu lassen.

Vor dem Gepäckband hatte sich eine lange Schlange mit ungeduldigen Passagieren gebildet. Noch während ich leicht angespannt am Gepäckband auf meinen Koffer wartete, kamen nach gefühlten fünf Minuten plötzlich zwei uniformierte Beamte auf mich zu. Sie redeten auf mich ein, aber ich verstand immer noch kein Vietnamesisch. Dann sprach einer auf Englisch und bat mich mit diktatorischem Gesichtsausdruck ihnen zu folgen, sobald ich wieder im Besitz meines Gepäckstückes war. Eine Gänsehaut überfiel mich. Ich ließ mir zwar nichts anmerken, aber innerlich war ich starr vor Angst und im selben Moment spielten sämtliche Horror-Szenarien meines Gefängnisaufenthaltes in China - inklusive meiner Verhaftung - wie ein Stummfilm in meinem Kopf ab.

Was zum Teufel hatte ich jetzt schon wieder getan, fragte ich mich und überlegte fieberhaft, welchen Fehltritt ich mir unbewusst geleistet haben könnte.

Jede weitere Minute, in der wir zu dritt auf meinen Koffer warteten, kam mir vor wie eine halbe Ewigkeit. Mal wieder hatte ich das Gefühl, dass ich kurz davor war, erneut den Boden unter den Füßen zu verlieren. Mein Herz schlug wie wild und die Knie wurden mir weich. Nachdem ich mein Gepäckstück endlich an mich genommen hatte, wurde ich kurzerhand in ein Büro und von dort aus durch das komplette Migrationsgebäude, welches von allen Seiten durch schwerbewaffnete Polizisten gesichert wurde, geführt. *Unglaublich, das durfte einfach nicht wahr sein!*

In der Tat fühlte ich mich wie ein Schwerverbrecher und war mal wieder völlig im falschen Film. Als ob mich ein dunkler Schatten direkt aus der Hölle verfolgen würde. Asien schien mir buchstäblich Unglück zu bringen.

Mein Zustand verschlechterte sich immer mehr und durch mein heftiges Herzrasen hatte ich das Gefühl, keine Luft mehr zu bekommen. *Was passiert schon wieder mit mir?*, fragte ich mich still und leise. *Spielt Karma ein falsches Spiel mit mir und meint es böse, sobald ich asiatischen Boden betrete?*

Vom Migrationsgebäude aus ging es über endlos lange Gänge in ein riesiges Kellergewölbe. Dort warteten schon weitere Polizisten darauf, mich zu verhören. Mit durchbohrenden Blicken wurde ich zunächst von oben bis unten gemustert.

Als ich unmittelbar vor ihrer Nase stand, sollte ich mich zunächst ausweisen. Dann fragte man mich auf Englisch, ob der Koffer mir gehöre und was sich darin befinde. Ich war jedoch nicht in der Lage, einen zusammenhängenden Satz zu bilden. Daraufhin hakte der Beamte erneut nach und näherte sich bedrohlich meinem Gesicht. Da meine Kehle aus unerklärlichen Gründen wie zugeschnürt war, nickte ich nur stumm und versuchte dabei, aus Respektgründen meinen Kopf bescheiden zu neigen. Der Beamte, der das Szenario die ganze Zeit aus dem Hintergrund passiv beobachtet hatte, ergriff nun mit wichtiger Miene die Initiative und ließ mich wissen, dass er jetzt meinen Koffer öffnen werde. Ich wehrte mich nicht dagegen. So wurde schlussendlich vor meinen Augen mein Koffer geöffnet und durchwühlt. Plötzlich nahm er etwas heraus und hob es mit hochgezogenen Augenbrauen in die Höhe. „Was ist das?", fragte er mit lauter Stimme. „Das ist ein Pfefferspray zum Eigenschutz!", antwortete ich wahrheitsgemäß. „Pfefferspray gilt hier im Land als Waffe", zischte er mir ins Ohr.

Urplötzlich befand ich mich mal wieder in einer heiklen, beunruhigenden Situation.

Die Herrschaften um mich herum waren sehr nervös und schrien sich regelrecht an, obwohl sie sich eigentlich nur normal unterhielten. Man hatte mich in der Zwischenzeit gebeten, Platz zu nehmen. Irgendwann gab mir einer von ihnen zu verstehen, dass Waffenbesitz strafbar sei und ich notfalls die Konsequenzen tragen müsse.

Meine Augen weiteten sich vor Angst und mein Körper war wie gelähmt vor Entsetzen. Bevor die Situation ganz aus dem Ruder lief, musste ich handeln. So hörte ich mich reden: „Es war für mich naheliegend, mich für den Notfall mit dem Spray auszustatten. In Deutschland ist Pfefferspray nämlich völlig legal. Das Spray hätte ich niemals benutzt, wenn keine akute Gefahr bestünde."

Nach langem hin und her konnte ich glücklicherweise nach zwei Stunden endlich gehen, und zwar ohne, dass ich dafür einen finanziellen Obolus (Schmiergeld) geleistet hätte.

Eine Anzeige wurde ebenfalls nicht erstattet, allerdings wurde das Pfefferspray einbehalten.

Zum Glück war ich mit einem blauen Auge davongekommen. Erleichtert bedankte ich mich und wurde von zwei Beamten wieder in das Flughafengebäude zurückgebracht. *Das fing ja schon mal gut an,* dachte ich mir. Denn kaum hatte ich das Land betreten, war ich direkt mit dem Gesetz in Konflikt geraten.

Ein ungutes Gefühl blieb. Weil in Vietnam ziemlich viele Regeln und Verbote herrschen, überall massenhaft Polizisten präsent sind (die meisten zivil gekleidet) und wirklich überall – wie in China auch – an jeder Ecke Überwachungskamera hängen. Viel sicherer fühlte man sich dadurch nicht, auch wenn man gerade kein Gesetz bricht. Man fühlte sich permanent unter Bewachung.

Erschöpft und ausgebrannt stand ich wieder am Gepäckband. Hier brauchte ich erst mal ein paar Minuten für mich, um wieder runterzukommen und das Erlebnis der vergangenen Stunden sacken zu lassen, bevor ich endgültig das Flughafengebäude verließ.

Da mein Kopf aber immer noch nicht realisierte, dass die Bedrohung mittlerweile vorbei war, schloss ich die Augen und betete leise. Dabei hoffte ich inständig, dass ich nach zwei Wochen wieder heil und gesund nach Hause fliegen konnte. Amen.

Trotz des misslungenen Anfangs freute ich mich auf die Zeit in Vietnam und war gespannt, was mich in diesem außergewöhnlichen Land erwarten würde. Klar freute ich mich ebenso auf die Familie, die mir hoffentlich einen schönen und angenehmen Aufenthalt bescheren würde. Am meisten freute ich mich auf Ha, denn sie hatte mir den eigentlichen Grund gegeben, hierher zu fliegen und sie schaffte es, mich auf ihre Heimat so neugierig zu machen, dass ich dieses unbekannte Land unbedingt bereisen wollte.

Nachdem ich mich einigermaßen von dem Schrecken erholt hatte, umklammerte ich meinen Koffer ganz fest mit beiden Händen und verließ eiligen Schrittes das Flughafengebäude.

Mit wackeligen Beinen stand ich am Ausgang und atmete tief durch, denn ich war immer noch alles andere als entspannt. Noch immer saß der Schock tief. Trotzdem war ich gespannt auf Ha und ihren Onkel, die sicherlich schon ungeduldig irgendwo in der Nähe auf mich warteten. Vielleicht hatten sie schon überall nach mir gesucht und wer weiß - eventuell sogar ausrufen lassen. Mein Blick fiel auf mein Handy. Verwundert musste ich feststellen, dass während meines Aufenthaltes bei den vietnamesischen Beamten kein Anruf eingegangen war. Das Gefühl der anfänglichen Euphorie und Begeisterung wich binnen Sekunden dem Gefühl der Resignation und Enttäuschung. Nach weiteren Minuten fühlte ich mich verlassen, vergessen und im Stich gelassen.

War dieses beklemmende Gefühl nur eine böse Erinnerung, resultierend aus meinen Erlebnissen in China oder handelte es sich hier um eine Warnung, die ich ernst nehmen sollte?

In meinem Kulturkreis glaubt man nämlich nicht nur an Schicksal, sondern auch daran, dass nichts ohne Grund passiert.

* * * Fortsetzung folgt * * *

Dankbarkeit ist heutzutage ein seltenes Gut,
denn nur wer dankbar ist, offenbart wahren Reichtum
Darum danke ich herzlich den Leuten, die an diesem
Buch mitgewirkt haben.

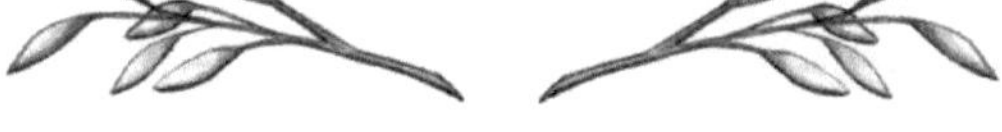

ISBN: 978-3-744836-54-8

Der Autor H. Özyol ist der Sohn türkischer Eltern. Nach der Ausbildung zum Metallbauer war er seither für verschiedene Firmen tätig, auch im europäischen Ausland. Seine Erfahrungen führten letztlich zu einem Vertrag mit einer deutschen Firma, die an einem Tunnelbauprojekt in China beteiligt war.

Fern von seiner Familie wurde er schon bald nach seiner Ankunft in China verhaftet und kam in ein chinesisches Gefängnis. Als einziger Ausländer musste er mit 40 Mann in einem 80-Quadratmeter-Raum auf seinen Prozess warten. Von diesem traumatisierenden Lebensabschnitt berichtet er in seinem autobiografischen Werk.